Déjouer les pièges des manipulateurs

EDITIONS ESI

Anne Guibert et
Marie-Laure Cuzacq

Déjouer les pièges des manipulateurs

EDITIONS ESI

Sommaire

Mieux comprendre la nature humaine

La manipulation est une notion plurielle, affectant notre vie relationnelle, professionnelle, affective, familiale... Les pages qui suivent visent à vous apporter quelques outils théoriques et pratiques pour mieux comprendre la nature humaine. Car étudier la manipulation, c'est étudier les petits et grands secrets de l'être humain : ses désirs, ses intentions, ses motivations, ses émotions. C'est aussi, de façon plus pratique, avoir une vision plus claire des échanges et des relations avec nos proches, nos collègues, nos amis...

Estime de soi et influence

« Qui a confiance en soi conduit les autres. »

Horace

Témoignage

« Je vis en colocation avec Cindy. On ne se connaissait pas et ça colle bien entre nous. Pourtant, elle est tout le contraire de moi : extravertie, délurée… moi, je suis plus posée. Bon, je ne suis ni grande, ni mince, ni blonde comme elle… mais ça va plutôt bien. J'ai des amis, des résultats acceptables à la fac, je suis heureuse. Quand on nous voit pour la première fois ensemble avec Cindy, j'ai bien conscience qu'on me considère comme la petite grosse qu'elle traîne avec elle. En réalité, c'est plutôt le contraire. Non que je ne me considère comme le "cerveau", mais je crois quand même que je l'influence beaucoup. Malgré les airs qu'elle se donne, elle n'est vraiment pas sûre d'elle et accumule les plans foireux. Au début de l'année, je la retrouvais en larmes régulièrement, je passais des heures à lui expliquer qu'elle n'était pas la dernière des nulles. Je crois qu'elle a changé à mon contact, elle est moins angoissée, plus réfléchie. Elle a confiance en moi et m'écoute, du coup j'ai l'impression qu'elle choisit de mieux en mieux ses copains, et même elle commence à s'intéresser à autre chose. Ce qui est plutôt une bonne nouvelle parce qu'elle a un talent indéniable pour le dessin. J'ai vu qu'elle commençait à se sentir mieux dans sa peau, elle cherche à découvrir et étudier de nouvelles choses par elle-même. Elle a aussi une bonne influence sur moi à présent, elle m'aide à aller vers des personnes vers lesquelles je ne serais pas allée naturellement. »

Chiara, 22 ans

Un peu de théorie

L'influence

L'estime de soi désigne la façon dont chacun se voit. C'est l'évaluation que chacun fait de soi-même. Ce n'est pas seulement la confiance en soi, c'est aussi le respect qu'on a de soi, l'amour qu'on se porte, la gestion du regard des autres et la capacité qu'on a à accepter son passé et se projeter dans l'avenir.

Avoir une bonne estime de soi, c'est accepter de se voir sans filtre négatif ou positif : avoir conscience de ses défauts et de ses faiblesses, certes, mais aussi de ses qualités. Ne pas être dans la dévalorisation. C'est se respecter pour ce qu'on est.

Avoir une faible estime de soi prédispose à être manipulé. Quand on ne sait pas où on va ni qui on est, qu'on doute de soi, de ses capacités, on a tendance à se reposer sur les autres pour décider à sa place. Et l'on ne se pose pas de questions sur la légitimité des personnes qui cherchent à nous influencer : de toute façon, elles valent mieux que nous. On se sent inférieur et vulnérable.

À l'inverse, une bonne estime de soi est la garantie d'une influence puissante. Quand on est à l'aise avec soi et avec les autres, on renvoie une image positive qui attire la confiance. C'est là que la différence avec la confiance en soi est cruciale : je peux être persuadé d'avoir raison et ne convaincre personne. Une personne dont l'estime de soi est bonne ne tient pas à avoir raison à tout prix, elle accepte le doute, la critique et les prend en compte. Si elle se trompe, elle le reconnaît et cela assoit son autorité.

Booster l'estime de soi

S'estimer, cela ne va pas de soi ! Cela dépend de beaucoup de facteurs, à commencer par l'éducation qu'on a reçue, l'image que nous ont renvoyée nos parents quand nous étions petits, la façon dont ils ont géré les difficultés, leur manière de nous inculquer leurs valeurs, de nous aimer, de nous faire confiance. C'est souvent à cette époque que se sont formées nos croyances négatives : « Je suis fainéant », « Je n'y arriverai pas », « Je ne suis pas digne d'intérêt ». Des parents trop distants ou trop valorisants peuvent nuire à l'estime de soi. Dans un cas, l'on ne se sent pas aimable, pas à la hauteur, incapable de croire en nous, dans l'autre, on croit que tout nous est acquis, qu'on est les meilleurs et quand la vie vient nous prouver le contraire, la chute est violente et on tombe de son piédestal. Par la suite, l'expérience et les rencontres continuent à la former. Des événements malheureux peuvent contribuer à construire une mauvaise image de soi et la confiance s'effondre.

Parfois, il faut faire un véritable travail sur soi pour rétablir une estime de soi satisfaisante : revenir à plus d'objectivité (quels sont mes qualités, mes défauts, qu'en pensent réellement les autres ?), apprendre à faire preuve d'indulgence envers soi (je fais des erreurs mais je peux tâcher de m'améliorer), regarder en face ses erreurs mais aussi ses succès (je suis bon à ça), tirer les leçons de son passé, apprendre à lâcher prise et comprendre que tout ne dépend pas que de nous.

Une gymnastique quotidienne

Sans être pour autant complètement névrosé, on a tous des moments d'incertitude, de doute, de mal-être. On se sent perdu, démuni, on ne sait pas comment agir pour s'en sortir. Dans ces situations, on ne convainc personne. Des réflexes au quotidien peuvent vous aider. Se dévaloriser est une manie qui ne peut que vous nuire, pourtant c'est une habitude que nous sommes nombreux à partager : « Ne faites pas attention, je n'ai pas fait le ménage », « Ce pull ? C'est trois fois rien, je l'ai acheté en solde », « Ça te plaît ? Moi, j'étais plutôt déçu de mon travail », « Jolie ? T'as vu mes cernes ? » Bien sûr, c'est un réflexe de modestie, mais à force, le message finit par s'ancrer et le regard des autres change ; après tout, en vous dévalorisant de la sorte, ce sont eux que vous critiquez (s'ils vous complimentent sans raison, c'est qu'ils n'ont pas beaucoup de jugeote). Apprenez à accepter les compliments, ce n'est pas une maladie honteuse. Ce n'est pas de la prétention de les prendre en compte. Si on vous trouve jolie, si votre travail plaît, réjouissez-vous ! De plus, être toujours négatif fait fuir les autres ou les met dans une position inconfortable. Cela rend vos relations plus difficiles.

Plus vous vous jugerez digne d'estime, plus les autres feront de même, c'est un cercle vertueux. Pensez-y quand vous voudrez négocier une augmentation, convaincre votre conjoint(e) de changer les rideaux, ou mobiliser vos collègues autour d'un projet qui vous tient à cœur.

À RETENIR

Si on veut convaincre les autres, il faut d'abord être convaincu soi-même. L'estime de soi correspond au respect et à l'amour qu'on se porte. Il s'agit d'accepter ses qualités et ses défauts avec objectivité. Quand on a une bonne estime de soi, on peut facilement influencer les autres parce qu'on dégage une image positive et agréable qui donne confiance.

Avoir une mauvaise image de soi-même peut provenir de notre enfance, de notre éducation, du comportement de nos parents avec nous, ou d'expériences que l'on a vécues par la suite. Lorsqu'on se dévalorise et que l'on ne se sent pas digne d'intérêt, on a tendance à accorder trop rapidement sa confiance, on devient une proie facile à manipuler.

Cela arrive à tout le monde de perdre confiance. Se dévaloriser est une manie qui se travaille sur le long terme. Évitez les réflexes toxiques, acceptez qu'on vous fasse des compliments, soyez objectif, bienveillant avec vous-même et attentif à ce que vous réussissez. En changeant le regard que vous posez sur vous-même, vous influencerez celui des autres.

Manipulation et jeux psychologiques

« Dans le jeu, on n'est pas libre, pour le joueur le jeu est un piège »

Milan Kundera

Un peu de théorie

Le Triangle dramatique de Karpman

Un jeu psychologique est une notion notamment issue de l'analyse transactionnelle, un ensemble de théories expliquant les types de personnalités et de communications entre les individus. Un jeu psychologique implique au moins deux personnes, voire trois. Il repose sur une relation répétitive et souvent involontaire entre les « joueurs », qui engendre souvent des tensions et des émotions négatives.

Le jeu psychologique le plus connu est le Triangle dramatique de Karpman, qui inclut trois joueurs et donc trois rôles : le sauveur, le bourreau (ou le persécuteur) et la victime. Selon les situations, les interlocuteurs et les personnalités, tout le monde a tendance à préférer l'une des positions. Chaque position a un certain intérêt, appelé en psychologie « bénéfice secondaire » : plus de pouvoir, plus d'aide de la part des autres, etc. Chaque position, victime, bourreau ou sauveur, induit également une façon de manipuler l'autre, pour retirer du jeu le plus de bénéfices secondaires possible.

Il est important de noter que, malgré les « affinités » de chacun envers l'une des positions, nous pouvons très bien jouer les trois rôles tour à tour, de façon inconsciente.

La manipulation dans les mains du bourreau

Le bourreau est souvent une personne qui cherche à se valoriser. Son attitude habituelle consiste très souvent, afin de « s'élever », à abaisser l'autre. Sa soif de pouvoir, parfois, de reconnaissance, souvent, voire de légitimation – car en réalité il ne se sent pas sûr de lui –, l'amène parfois à manipuler les autres sans vergogne, sans penser aux conséquences et dommages collatéraux occasionnés...

Le bourreau est en fait l'idée générale que l'on se fait d'un manipulateur « méchant ». Il peut utiliser l'humiliation, la moquerie, la rumeur, pour obtenir ce qu'il désire. À sa décharge, c'est presque le joueur le plus « franc », car on voit souvent clair dans son jeu et son objectif est presque évident : avoir le dessus sur les autres. Sa manipulation peut donc se montrer assez grossière, mais aussi se révéler très destructrice. Rappelons-nous cependant que c'est rarement dans le but de détruire l'autre, mais plutôt dans celui de se valoriser aux yeux des autres.

La victime manipulatrice

Certaines personnes se positionnent volontiers en tant que victimes. Nous connaissons tous des individus, proches ou moins proches, qui disent n'avoir « jamais de chance », que ce soit affectivement, professionnellement ou socialement. Nous n'entendons pas que la malchance n'existe pas, mais certains en font la cause de tous leurs malheurs, sans jamais se remettre en cause, et en accusant parfois même les autres.

Jouer le rôle de victime, si on en accepte les contraintes, peut se révéler relativement confortable. En effet, la victime a deux grandes techniques de manipulation à sa disposition. Elle peut se charger de tous les maux et de toute la misère du monde, cela revient à « s'autoculpabiliser », ou alors rejeter sur les autres ou sur le destin la responsabilité de tous ses malheurs. Le résultat est souvent le même : on la plaint, on la console, on la rassure, ce qui, par un effet de cercle vicieux, la conforte bien dans l'idée qu'elle est une victime. Cela peut aussi lui permettre d'être aidée par des sauveurs qui la prennent en pitié, pour ainsi se décharger d'une grande partie de ses responsabilités. Mais cela peut aussi amener les bourreaux potentiels à la martyriser encore plus, par exemple en lui faisant la morale et en la « secouant ». Dans tous les cas, le résultat est le même : qu'on la console, qu'on la plaigne, qu'on la sauve ou qu'on la persécute, la victime possède bel et bien un statut de martyr. Et se garde bien de s'en affranchir…

Le sauveur est-il aussi un manipulateur ?

Le sauveur est celui qui vient aider la victime, soit en la consolant, soit en attaquant le bourreau. Les rôles se renversent alors : le bourreau devient victime du sauveur, qui devient lui-même bourreau… La touche finale est bien sûr quand la victime devient sauveur de son ancien bourreau devenu victime…

Le sauveur, c'est un peu saint Michel terrassant le dragon… l'efficacité en moins ! Il ne fait que conforter la victime dans sa victimisation (« Oui, tu as raison, il ne devrait pas faire ça, c'est vraiment un… »), mais reste un allié souvent peu solide. S'il agit, il agit mal et s'il conseille, il conseille mal également !

Ce statut de sauveur lui permet ainsi d'avoir un peu de reconnaissance de la part de la victime et de créer également un lien de dépendance avec elle, en proposant son « aide » inutile ou refusée par la victime qui ne veut pas sortir de son rôle. Il lui confirme également, par son empressement à l'écouter, qu'elle ne peut attendre de l'attention des autres que par les plaintes, les doléances et les gémissements.

Vous voyez ainsi que le triangle est un jeu complexe, qui a souvent des conséquences plus ou moins désastreuses. Plus il dure, plus ce triangle se renforce et plus il devient difficile d'en sortir sans y laisser des plumes...

À RETENIR

Les jeux psychologiques sont des dysfonctionnements répétés et souvent inconscients dans les relations interpersonnelles. Ils occasionnent très souvent des conflits, qui se nourrissent alors d'eux-mêmes tant que personne ne sort du « jeu ».

Le plus connu de ces jeux psychologiques s'appelle le Triangle dramatique de Karpman, qui met en scène trois joueurs : la victime, souvent déresponsabilisée et recherchant de l'aide tout en la sabotant, le bourreau, qui manipule « ouvertement » pour acquérir plus de pouvoir ou de reconnaissance, et le sauveur, qui aide à maintenir la victime dans son statut. Tous manipulent les autres pour obtenir des bénéfices secondaires, c'est-à-dire des avantages liés à leur position dans le triangle.

Pourquoi user de manipulation ?

« Quand on se fout de la morale, le moral va mieux. »

Albert Willemetz

Témoignage

« J'ai toujours été très honnête, un peu poire maintenant que j'y pense. Je n'ai jamais usé de stratagème, je ne mens pas, je suis directe. Dans ma vie privée et au boulot aussi. J'ai un travail que j'exécute sérieusement et je m'attendais à être reconnue pour ça. J'ai été augmentée quelques fois mais mon salaire n'a jamais vraiment décollé.

Ça, c'était avant que je ne sympathise avec Caroline, la nouvelle standardiste. On travaille dans le bâtiment, alors les femmes sont plutôt rares. Caroline, c'est tout le contraire de moi. Elle est toujours à comploter, minauder, mentir pour obtenir ce qu'elle veut… et elle l'obtient ! Elle a donc réussi à avoir une augmentation. Sa technique était assez simple, elle ne demandait pas s'il était envisageable qu'elle ait une augmentation, comme moi je l'avais fait, elle demandait un chiffre précis d'augmentation, extrêmement élevé, qu'elle était sûre de ne pas obtenir. Mais elle le faisait avec un tel aplomb que la question même de l'augmentation ne se posait pas et qu'on lui en proposait naturellement une plus modeste. Elle m'a expliqué également qu'elle laissait entendre que d'autres étaient prêts à l'embaucher, ce qui était évidemment faux. Elle m'a expliqué que dans la vie professionnelle, les plus méritants n'étaient pas les plus récompensés à moins qu'ils sachent y faire et qu'il s'agissait d'un jeu social comme un autre, où personne ne risquait rien. Depuis que j'ai compris cela, ma vie a un peu changé. »

Nelly, 47 ans

Un peu de théorie

Communication et manipulation

On a beau s'en défendre, la manipulation est partout autour de nous, que ce soit au travail (avec nos collègues, nos employés, nos supérieurs hiérarchiques) ou dans notre vie au quotidien (en famille, entre amis, chez les commerçants, etc.). Si l'on s'en tient à la définition la plus simple, « amener quelqu'un par des voies détournées à faire ce qu'on veut », c'est plusieurs fois par jour qu'on en est l'auteur ou l'architecte, le plus souvent sans même y penser. En effet, en considérant stricto sensu la définition, l'on joue sur ce terrain dès que l'on ne demande pas franchement et directement quelque chose. Et l'on a beau être le plus honnête du monde, on sait tous, d'expérience ou d'instinct, comment procéder avec certaines personnes ou dans certaines situations. Je sais, par exemple, que si je lance la boulangère sur sa famille, elle m'ajoutera sans doute un petit cadeau à mes achats ; je sais qu'il ne faut pas demander à mon collègue quoi que ce soit avant le déjeuner sous peine de voir ma demande automatiquement rejetée ; je sais que si je dis à ma mère que mon fils est malade, elle me proposera de venir le garder… Toute communication est une sorte de manipulation.

L'expérience nous prouve bien souvent qu'il ne suffit pas de demander pour être exaucé. Comprendre comment sont motivées nos actions et nos décisions, connaître les outils de communication, les adapter à son public et maîtriser certaines techniques vous permettra d'obtenir beaucoup plus que vous ne l'espériez.

La manipulation innocente

Si toute communication est manipulation, toute manipulation n'est pas innocente pour autant. Il y a un monde entre amener son mari à faire la vaisselle de lui-même et endormir la vigilance d'une personne pour lui voler son argent. Les spécialistes s'accordent pour distinguer en réalité trois types de manipulation : la manipulation dite « innocente » appelée aussi influence, la manipulation égocentrique et la manipulation malveillante.

L'influence vise le « bien » de la personne sur laquelle on l'exerce. Manipuler ne signifie donc pas forcément nuire à autrui. Le « bien » tel qu'on l'entend, cela va sans dire, c'est-à-dire qu'on incite quelqu'un à aller vers ce qu'on considère, nous, comme juste ou meilleur pour eux. On le fait donc pour eux mais pour nous aussi, pour notre conscience. Il peut s'agir, par exemple, d'amener ses enfants à se laver les dents pour éviter les caries, à lire ou à respecter le code de la route : on pense que c'est bien pour eux, et l'on use de tous les procédés efficaces pour les y amener s'ils ne le font pas eux-mêmes directement. Le cadeau que l'on fait est souvent à mettre dans cette catégorie aussi : j'offre ce livre à mon frère parce que je connais ses goûts et je sais qu'il va l'apprécier ou que cette lecture lui sera bénéfique. Ce peut être aussi pour protéger ceux qu'on aime : faire cesser un comportement qu'on juge nocif ou dangereux (fumer, se surmener, etc.) ou les aider à surmonter leurs appréhensions ou à progresser.

Les manipulations égocentrique et malveillante

La manipulation égocentrique a pour but le bien, la satisfaction, la réussite personnelle de la personne qui l'exerce. C'est l'augmentation négociée d'une main de maître, c'est le rendez-vous obtenu contre toute attente ou encore le cadeau de Noël qui ne tombe bizarrement pas à côté. Attention, « égocentrique » ne veut pas forcément dire qu'il y a une personne lésée dans l'histoire, cela signifie seulement que vous êtes le bénéficiaire de l'opération. Si vous œuvrez en vue de vous faire aider par des amis tire-au-flanc pour votre déménagement, à moins d'un accident, vous aurez atteint votre objectif et vos amis auront peut-être eu l'occasion de passer un bon moment ensemble. Dans tous les cas, vous n'aurez fait souffrir personne. En revanche, si vous vous félicitez d'arriver à emprunter de fortes sommes à ces mêmes amis sans jamais les rembourser, ils y trouveront sans doute à redire à un moment ou à un autre.

La manipulation malveillante est complètement différente. Elle vise la destruction de l'individu influencé. Bien évidemment, vous ne trouverez dans ces pages aucune recette pour vous aider à devenir un parfait harceleur ou un pervers narcissique hors pair, mais il peut être utile quand on commence à maîtriser l'art de l'influence de poser des garde-fous. Demandez-vous toujours jusqu'où vous êtes prêt à aller, quelles sont les limites à ne pas franchir et si vos agissements ne nuisent en rien à la personne que vous êtes en train d'influencer.

À RETENIR

C'est un des effets de la communication. On le fait la plupart du temps sans y penser. On l'utilise à chaque fois qu'on n'est pas dans une demande directe pour parvenir à nos fins. On peut avoir recours à plusieurs techniques en fonction des personnes à manipuler. Il y a trois types de manipulation à différencier : innocente, égocentrique et malveillante.

La manipulation innocente est aussi appelée influence. Elle vise le bien, la protection ou le plaisir de la personne qu'on manipule. C'est faire en sorte qu'elle fasse quelque chose qu'on considère bon pour elle mais auquel elle n'aurait pas pensé toute seule. C'est simplement optimiser sa façon de communiquer pour obtenir plus facilement ce qu'on recherche.

La manipulation égocentrique a pour objectif son propre bien-être, la personne manipulée n'est qu'un moyen d'y parvenir. On l'utilise sans lui nuire. Quant à la manipulation malveillante, elle est dangereuse et nocive, il y a toujours un risque à jouer avec les armes de communication. Gardez les pieds sur terre et ne vous laissez pas aveugler par le pouvoir.

Savoir analyser la situation

« L'intelligence, c'est la faculté d'adaptation. »

André Gide

Témoignage

« Le directeur commercial de l'entreprise dans laquelle je travaille réussit toujours à obtenir ce qu'il veut. Par exemple, il refuse tout achat sans remise.

Une de ses méthodes consiste à critiquer les sites Internet des commerçants en leur disant qu'ils ne lui permettent pas d'obtenir la commande qu'il désire. On lui passe alors un responsable commercial du site, à qui il va faire comprendre que s'il doit y passer plus de temps, il abandonnera la commande. Le responsable commercial s'excuse et c'est un prétexte que mon directeur utilise pour demander une remise sur sa commande.

Une autre de ses méthodes consiste à créer un rapport avec les vendeurs. Demander plus que ce que l'on souhaite fait remonter l'intérêt de ces derniers. Par exemple, il est plus facile de négocier une remise pour les gros volumes que pour les petits.

Il est aussi imbattable pour déceler le vrai du faux. Une fois, nous devions négocier un contrat avec un client. Il nous avait alors dit que nous n'étions pas sa priorité et que le budget était donc ridicule. J'avais alors dans l'idée de lui faire une grosse remise pour le décider, mais ce n'était pas l'avis de mon directeur commercial. Lors de l'entretien, il avait observé les mimiques du client et son environnement de travail et s'était aperçu que les papiers, les tableaux blancs et les notes parlaient de notre contrat. Son analyse fut alors : "Ce contrat est sa priorité numéro 1". Il avait raison, le client a accepté notre offre non remisée. »

Jean-Claude, 45 ans

Un peu de théorie

Analyser pour s'adapter

Il existe des génies de la communication, ceux-là savent instinctivement comment s'y prendre pour obtenir ce qu'ils désirent. Ils savent lire en leur interlocuteur, comprendre leur comportement et leurs paroles, déceler s'il y a un double sens et s'ils dissimulent quelque chose. Ils peuvent adapter leur discours et leur méthode de travail en fonction des buts qu'ils poursuivent et dans n'importe quelles circonstances. Pour ceux qui ne sont pas dotés de ce don, il existe une manière de procéder pour être efficace : une analyse systématique des situations dans lesquelles vous vous trouvez permet de bien calibrer ses actions.

Avant de choisir les outils et les techniques qu'on va utiliser, il convient de formaliser son but et ce qui le motive et quel en est l'intérêt. Par exemple : je veux que mon fils arrête de fumer parce qu'il se détruit la santé, je veux une augmentation parce que je pense la mériter, je veux que mes amis m'aident à déménager parce que je ne pourrais pas le faire toute seule et que je n'ai pas envie de payer des déménageurs.

Demandez-vous ensuite quel est exactement le prix de votre demande : un gros travail qui ne va pas de soi, une simple décision, un petit effort de solidarité. Si la personne accède à ma requête, va-t-elle y trouver un intérêt ? Si oui, lequel, comment lui faire prendre conscience, et si elle n'en trouve pas, quelles seront les conséquences ? Tout cela doit être pesé avant d'être envisagé sérieusement.

Mon interlocuteur et moi

Tout d'abord, il faut toujours se demander pourquoi une simple requête demandée de façon directe n'aboutirait pas : parce que mon fils a pour habitude de ne jamais m'écouter, parce que ce n'est absolument pas dans l'intérêt de mon patron de me donner plus d'argent, parce que mes amis ont autre chose à faire un samedi après-midi d'été que m'aider à déménager... Une fois ces obstacles posés, il s'agira soit de trouver un moyen de les surmonter, soit de les faire oublier de votre interlocuteur.

Dans un deuxième temps, il convient de bien analyser la relation que vous entretenez avec cette personne. Que suis-je pour elle ? Qu'est-ce que je représente ? Suis-je un inconnu ? En ce cas, mon premier objectif sera certainement de lui donner confiance en moi ou de l'impressionner pour arriver à mes fins. Est-ce un proche ? Avons-nous une relation d'autorité (parent/enfant ou subordonné dans le travail) : un travail sur le sentiment de liberté paraît être tout indiqué dans ce cas : il faut faire comprendre à l'autre que vous n'imposez rien, que c'est lui qui décide. Notre relation est-elle basée sur la confiance ? Et en ce cas, que suis-je prêt à sacrifier pour arriver à mon objectif ?

Est-ce un homme ? Une femme ? Comment pense-t-il ? À quoi est-il sensible ? à la flatterie ? (songez à l'étiquetage) au stress (technique peur/soulagement) ? Si je ne le connais pas, que puis-je déduire de ses mouvements, de ses vêtements, de sa façon de parler ?

Les circonstances pour agir

Il faut que vous soyez conscient qu'il y a un temps et un lieu qui favoriseront votre requête. Par exemple, collecter des fonds devant un supermarché, c'est une bonne idée parce que les gens ont a priori de l'argent sur eux puisqu'ils vont faire leurs courses. Cependant, ils n'ont pas forcément de l'argent liquide, préférez donc une boulangerie ou un petit commerce, et choisissez plutôt le début du mois pour agir, quand ils viennent de toucher leur paye.

Sachez profiter du dénouement heureux d'une situation de crise pour bénéficier de l'effet peur/soulagement et ainsi obtenir des résultats favorables à votre demande. Plus simplement, observez votre interlocuteur pour repérer les moments de la journée où il est plus réceptif, où il est de bonne humeur ou le plus à l'écoute.

Si vous avez déterminé tous les paramètres précédents, il sera facile de trouver les outils et la technique adéquats qui satisferont vos exigences. Ne relâchez pas votre attention : soyez réactif et sachez prendre en compte les réactions de votre interlocuteur. Restez confiant, réussir à optimiser sa communication n'est pas une chose aisée. Malgré vos connaissances et votre maîtrise, évoluer avec aisance dans les arcanes de la communication et de l'influence ne s'improvise pas du jour au lendemain. Gardez en tête que les personnes que vous cherchez à influencer ne sont pas des machines et que ce qui marchera pour un n'est pas assuré de fonctionner pour l'autre.

À RETENIR

Dans un premier temps, posez-vous les bonnes questions et répondez-y précisément : que voulez-vous ? Pourquoi ? De qui ? À quel prix ? Quel est le degré d'effort à fournir pour votre interlocuteur s'il veut répondre à votre requête ? Pour le convaincre, il s'agit également de connaître et de mettre en avant l'intérêt qu'il trouvera à vous aider.

Ensuite, questionnez-vous sur votre relation avec votre interlocuteur. Êtes-vous proche ou non ? Pourquoi ne pouvez-vous pas lui faire une demande directe ? Choisissez vos outils et vos techniques en fonction de vos réponses. Quelle corde vaut-il mieux titiller chez votre interlocuteur pour qu'il accède à votre requête ? De combien de temps disposez-vous ?

Vous devez apprendre à trouver le moment et le lieu favorables pour passer à l'action. Pour cela, observez bien vos interlocuteurs et adaptez vos techniques et outils en fonction de chacun d'eux. Soyez souple et patient. La communication a des secrets mais ce n'est pas un système sans inconnue, apprenez à vous adapter et faites confiance au hasard.

Les leçons de la PNL

« Commencez par changer en vous ce que vous voulez changer autour de vous. »

Gandhi

Témoignage

« Le jour où j'ai été nommée manager, j'ai été surprise et effrayée. La communication, ce n'est pas vraiment mon fort. J'avais trouvé un boulot génial où je ne faisais qu'exécuter les tâches qu'on me donnait. Aussi, quand on m'a annoncé ma promotion, je n'ai pas compris. Il allait falloir que je gère une équipe de trois personnes, leur donner du travail, veiller à leur épanouissement, à leur progression, à leurs motivations. Les premiers jours, j'ai évité mon équipe au maximum. Puis les difficultés se sont présentées. J'avais réfléchi à la façon dont on travaillait et il m'était apparu nécessaire de réorganiser mon service. J'ai donc envoyé un mail. Inutile de préciser qu'aussitôt ils sont venus dans mon bureau pour se plaindre. À partir de là, le travail est devenu encore moins efficace et mon chef m'a convoquée. J'ai dû me résoudre à lui exposer mon handicap. Il a ri et m'a donné un bouquin sur la PNL. Cette idée de modéliser les rapports humains m'a tout de suite séduite et cette façon d'analyser tous les aspects de la communication de façon systématique a su me parler. J'ai pris conscience que, si je savais effectivement m'exprimer, je négligeais tout ce qui faisait la communication : le contexte et surtout l'autre. J'ai aussitôt mis en œuvre les techniques proposées, à commencer par l'observation minutieuse de mon équipe : qui ils étaient, comment ils s'exprimaient, comment ils voyaient leur travail… J'ai découvert un monde que j'ai peu à peu appris à comprendre. »

Caroline, 32 ans

Un peu de théorie

La PNL, qu'est-ce que c'est ?

La programmation neurolinguistique regroupe un ensemble de connaissances et de pratiques ayant pour objectif l'amélioration de la communication et la gestion du changement. On doit le développement de cette discipline au psychologue Richard Bandler et au linguiste John Grinder dans les années 1970. Inspirés par les travaux et les résultats de psychothérapeutes reconnus tels que Fritz Perls, Milton Erickson et Virginia Satir, ils vont chercher à analyser les mécanismes de la réussite des professionnels de la communication et modéliser les techniques qui permettent d'y parvenir. En effet, ces derniers emploieraient des méthodes similaires (conscientes ou inconscientes) dans leur travail qui leur permettraient d'être plus performants. Bien que controversée à l'heure actuelle (ce n'est pas une science, comme certains l'affirment), la PNL fournit néanmoins des idées et des techniques efficaces pour qui veut améliorer son influence et ses capacités. Elle permet de mieux gérer ses relations et apporte de la confiance en soi. Elle est beaucoup utilisée dans les entreprises, chez les sportifs de haut niveau, et dans d'autres métiers (où elle peut servir à améliorer ses relations avec ses supérieurs hiérarchiques, ses employés ou avec ses collègues). Elle peut aussi être d'une grande aide dans la vie quotidienne, par exemple si nous éprouvons des difficultés dans l'éducation de nos enfants. Nous allons maintenant en explorer quelques pistes.

Les positions perceptuelles et l'empathie

On a souvent tendance à n'envisager la réalité de la communication qu'à travers son propre regard, ses représentations, son expérience. La PNL propose, pour avoir une approche plus complète de la situation de communication et en saisir tous les enjeux, de faire un effort de mise en perspective.

Il s'agit d'abord de se mettre à la place de l'autre, c'est la deuxième position : comment la situation est-elle vécue par mon interlocuteur ? Que ressent-il ?

Quelles sont ses représentations ?

La troisième position permet d'appréhender la situation dans sa globalité en se demandant ce qu'un œil extérieur penserait de la transaction dans son ensemble.

Considérer les trois positions perceptuelles permet d'ajuster son discours de manière plus pertinente et efficace.

Pour pouvoir réellement communiquer, il faut faire l'effort de comprendre l'autre et faire preuve d'empathie. La technique de l'écoute active est un bon moyen d'y arriver.

Elle consiste à faire parler son interlocuteur en vue de cerner ses besoins et ses sentiments. Un outil essentiel dans cette discipline : la relance. Elle ne doit en aucun cas être porteuse d'un quelconque jugement de valeur. Son seul rôle est d'aider son interlocuteur à définir ses besoins et exprimer ses difficultés. Une relance efficace visera à affiner votre compréhension en interprétant les propos en termes de sentiments. Des phrases telles que "si je comprends bien...", "ce que tu veux dire, c'est..." vous seront d'un grand secours.

Établir le contact

Un des grands principes de la PNL est aussi de créer un lien avec les autres. Il existe des personnes qu'on ne sent pas, avec lesquelles on est mal à l'aise. Il est donc difficile d'établir le contact avec elles. On ne sait pas comment agir et améliorer cette relation. Dès lors, avoir une quelconque influence sur ces personnes tient de la mission impossible. La PNL propose plusieurs pistes pour aider à créer le « rapport ».

– Il s'agit tout d'abord de respecter a priori ses croyances et ses idées. Sans jugement. Il faut faire l'effort de sortir de sa propre vision des choses et comprendre que les autres ont des opinions, des visions différentes du monde et de son fonctionnement. Accepter leur altérité et bien se souvenir que « chacun a sa propre représentation de la réalité et qu'aucune n'est plus "vraie" qu'une autre* ».

– La communication passe aussi par une réelle observation de l'autre : comment s'exprime votre interlocuteur, comment se tient-il, que disent de lui ses gestes. La parole est importante dans la communication mais le corps révèle beaucoup de choses, lui aussi. Partant du principe qu'« on ne peut pas ne pas communiquer* », qu'expriment ses silences ? En l'observant bien, vous pourrez mieux le cerner, le comprendre et vous adapter à lui pour mieux l'influencer.

– Pour entrer dans la bulle de votre interlocuteur, il vous sera utile de parler sa langue : utiliser ses mots, privilégier ses tournures de phrase, appréhender la réalité avec son regard.

À RETENIR

C'est une discipline basée sur l'observation et la modélisation de pratiques efficaces pour améliorer ses capacités et ses qualités relationnelles au travail et dans la vie quotidienne. Elle permet également d'avoir plus confiance en soi et aide à notre propre développement personnel en s'ouvrant sur les personnes et le monde qui nous entourent.

Sans l'autre, il n'y a pas de communication, c'est pourquoi il convient de le remettre au centre de la démarche. Pour y parvenir, la PNL à établi ce qu'elle nomme les trois positions perceptuelles. La technique de l'empathie aussi est efficace et largement utilisée par les psychothérapeutes. L'écoute active et la reformulation permettent de la développer.

En s'interrogeant tous les aspects de la communication (les intervenants, le contexte, le langage verbal et le non-verbal…), on comprend son fonctionnement et on est à même d'ajuster son comportement. L'observation de l'autre et essayer de se mettre à sa place sont essentiels pour réussir à mieux communiquer avec lui et atteindre son objectif.

Le jeu de la séduction

« La séduction a toujours été une histoire de manipulation. »

François Raux

Témoignage

« Nous recherchions un appartement depuis des mois et nous commencions à désespérer. Un jour, une annonce parlait d'un duplex atypique baigné de lumière. Pour la visite, j'étais seul. C'était une merveille. La personne qui me fait visiter m'apprend alors que l'appartement appartient à son fils qui vit au Canada et qu'elle se charge des visites pour lui. Je tente alors de trouver des points d'accroches :

– Comment faites-vous pour trier les dossiers et les envoyer à votre fils ?

– Je scanne tous les dossiers et les envoie par mail.

– Quel travail de titan ! Écoutez, faisons plus simple, donnez-moi l'adresse mail de votre fils, et je lui envoie le dossier, pour vous éviter cette corvée.

Elle se détend et je lui demande ce qu'elle fait dans la vie. Elle écrit des romans photographiques et le dernier parle de l'Espagne.

J'essaye de l'amener sur un terrain où je suis à l'aise, les pays d'Amérique du Sud, l'histoire millénaire du Mexique… elle accroche.

– Vous connaissez le Mexique ?

Bingo, nous avions justement été au Mexique cette année-là :

– Nous l'avons parcouru l'année dernière… C'est fantastique !

– Oui, moi aussi, j'ai adoré le Mexique.

Je lui conseille un livre sur la chute de l'empire maya, elle est sous le charme et me conseille :

– Vous pouvez envoyer votre mail à mon fils aujourd'hui, avant que je ne lui envoie les autres dossiers, comme ça, vous serez le premier !

Résultat, nous avons eu l'appartement et j'ai offert le livre sur les Mayas à la mère de notre proprio ! »

Michel, 29 ans

Un peu de théorie

Être d'accord

Le principe de séduction est bien entendu à la base de la manipulation, mais les techniques de séduction à proprement parler, celles auxquelles on a naturellement recours dans les approches amoureuses peuvent également être mises à profit pour atteindre d'autres objectifs. Pas besoin de vouloir épouser la personne pour avoir recours à ces méthodes : elles vous serviront aussi dans la recherche d'un appartement, d'un travail, d'une nourrice…

La première technique de séduction consiste à acquiescer aux propos de votre interlocuteur, à montrer votre accord complet. N'attendez pas qu'il vous demande votre avis, hochez ostensiblement la tête et n'hésitez pas à l'interrompre s'il ne remarque pas vos mimiques : « C'est justement ce que je me disais ce matin... », « Mais oui ! », « Comme je vous comprends ! ». Si vous voyez où il veut en venir, finissez sa phrase (attention ne le faites qu'une fois, cela peut être agaçant). Vous pouvez aussi enregistrer soigneusement ce qu'il vous dit et lui répéter plus loin dans la conversation. Imaginons que vous soyez désespérément à la recherche d'une nourrice (vous savez malheureusement que la conjoncture fait que c'est à elle de vous choisir et pas le contraire). Vous rencontrez une candidate potentielle : faites-la parler de son métier, de sa journée type, de ce qu'elle fait avec les enfants, de ce qui compte pour elle, etc., puis reprenez tout à votre compte au moment de décrire ce que vous cherchez.

Se trouver des points communs

Soyez à l'affût de ce que dit votre interlocuteur et saisissez ses perches. Le logement que vous visitez est actuellement occupé par son propriétaire, c'est du pain bénit pour vous. Il ne tiendra qu'à vous d'affirmer que vous avez les mêmes rideaux, que vous adorez la musique qui passe et que justement vous vous apprêtiez à lire le roman ouvert sur la table. Autre exemple : lors d'un entretien d'embauche, vous remarquez une tasse de thé sur le bureau de la personne qui vous reçoit. S'il vient à vous proposer un café, essayez : « Je préférerais un thé, si cela ne vous ennuie pas. »

Il faut, pour être capable de réaliser de telles performances, avoir un grand sens de l'observation : écouter tout ce que dit votre interlocuteur certes, mais aussi interpréter ses gestes, son environnement. Si un recruteur vous accueille dans son bureau, jetez un œil attentif à son espace de travail : y a-t-il des photos d'enfants ? Des coupes de sport ? Vous pourrez, quand vous le jugerez opportun, orienter la discussion sur ces sujets.

Si c'est possible, essayez de vous renseigner avant sur la personnalité et les goûts de la personne à laquelle vous avez affaire. Dans le cas d'un travail, faites fonctionner vos réseaux sociaux. Prenez contact avec un employé de l'entreprise que vous convoitez et renseignez-vous sur les attentes du recruteur, ce qu'il apprécie chez un collaborateur, ce qui l'énerve, ce qui est rédhibitoire, autant de renseignements qu'on ne trouve pas sur une fiche de poste.

La flatterie

Vous pouvez également utiliser la technique de la flatterie : apprenez à complimenter votre interlocuteur, mais faites-le discrètement, de façon pertinente, en rapport direct avec votre situation de communication ou avec la transaction qui vous intéresse. S'il s'agit d'un entretien d'embauche pour un travail et que vous avez été reçu à l'heure par le recruteur, ne manquez surtout pas de souligner combien c'est agréable et rare. Si vous visitez un logement, faites remarquer au propriétaire des lieux comme son appartement est bien entretenu, bien décoré et rénové avec goût. La personne que vous sollicitez vous sera reconnaissante de vous rendre compte de ses efforts, cela titillera son réflexe de réciprocité. Elle pensera que vous vous ressemblez, que vous avez des points communs. Elle sentira une certaine proximité avec vous et accédera plus facilement à votre requête. Elle aura envie de vous faire plaisir en retour.

Il faut cependant être très prudent quand on a recours à cette technique. En effet, elle n'est pas indiquée dans tous les contextes et requiert un minimum de subtilité. Dans tous les cas, il convient de doser minutieusement ses interventions. N'exagérez pas trop car vous risquez d'être découvert et d'agacer votre auditeur. Essayez de bien observer et d'interpréter ses réactions. Vous devriez assez rapidement vous rendre compte de sa façon de recevoir vos compliments et de mesurer l'efficacité ou non de votre démarche.

À RETENIR

La séduction peut servir dans différentes circonstances, et pas seulement dans la vie amoureuse. Pour séduire quelqu'un, soyez d'accord avec ce qu'il vous dit. Vous pouvez aussi finir ses phrases quand vous êtes sûr de ce qu'il veut exprimer ou réutiliser des informations qu'il vous a révélées. Dans cette entreprise, votre sens de l'écoute sera capital.

Observez votre interlocuteur, le milieu où il évolue, les objets qui sont posés sur son bureau, comment est décoré son appartement, et à partir de cela, trouvez-vous des points communs avec lui et faites-lui partager subtilement. Pour cela, il vous faut développer votre sens de l'observation. Vous pouvez aussi vous renseigner sur lui avant de le rencontrer.

Ils doivent être en rapport avec le contexte de votre requête. N'allez pas complimenter votre employeur potentiel sur son parfum. Soyez attentif aux réactions de votre interlocuteur et apprenez à calibrer votre propos, restez subtil et arrêtez-vous avant d'en faire trop. La personne doit être séduite certes mais il ne s'agit pas de la mettre dans votre lit !

Parler à une femme

« Les femmes sont plus difficiles à manipuler que les hommes.
C'est dans leur esprit. »

Peter Sellers

Témoignage

« J'ai été élevé dans un milieu masculin. Ma mère est décédée quand j'étais petit et mon père ne s'est jamais remarié. Mon père bossait beaucoup et la vie de famille se réduisait au strict nécessaire. Ma grand-mère me raconte maintenant qu'il nous arrivait de communiquer par grognements ! C'est vrai qu'à l'école, je n'avais pas de copines, elles ne faisaient pas partie de mon univers.

Ce n'est qu'à la fac que j'ai commencé à m'intéresser aux filles et que j'ai rencontré Manon. Ça a été tout de suite le coup de foudre. C'était fusionnel. Et puis, on a décidé de vivre ensemble. Et là, les choses se sont gâtées. On était vraiment tout le temps ensemble, on avait à gérer les trucs du quotidien et on a commencé à se disputer. On s'engueulait pendant des heures. On a fini par se séparer. Je suis resté pas mal de temps tout seul, j'en ai profité pour me faire des copines. Pas des petites copines, juste des amies. Je crois que j'ai compris beaucoup de choses à leur contact, notamment qu'avec Manon, notre plus gros problème, c'était la communication. Je crois que le fait d'avoir grandi dans un milieu essentiellement masculin n'y est pas étranger. Je sors avec Julie maintenant et ça se passe beaucoup mieux. Bien sûr, il nous arrive de nous disputer mais j'arrive à faire la différence entre une dispute causée par un réel différend et une dispute motivée par l'incompréhension. Je fais attention à ce que je dis et comment je le dis, je n'ai pas envie de tout gâcher encore une fois. »

Jonathan, 24 ans

Un peu de théorie

Des deux hémisphères

La théorie selon laquelle les deux hémisphères du cerveau seraient chacun dédié à des fonctions précises, le gauche au raisonnement, le droit aux sentiments, et que les femmes mobiliseraient les deux là où les hommes n'utiliseraient que le gauche est certainement un peu simpliste et de plus en plus remise en question. Cependant, elle a tendance à refléter une réalité observable, en partie liée à notre héritage éducatif : les hommes ont tendance à bien séparer l'action de l'affect d'où des comportements jugés trop directs, voire brutaux, par leurs congénères féminines.

Affûter votre compréhension et travailler votre expression vous aidera à optimiser votre communication et éviter les malentendus.

Une première différence réside dans la fonction de la parole : chez un homme, elle est surtout performative, elle « fait » quelque chose. On parle à quelqu'un parce qu'on sollicite quelque chose de lui ou le contraire. Pour une femme, le langage n'est pas seulement cela. Un bon exemple est la verbalisation de la difficulté : une femme devant un problème aura tendance à s'exprimer, à vouloir communiquer pour évacuer le stress, mettre ses idées en place... Pour un homme peu attentif, c'est un appel à l'aide : on parle pour obtenir quelque chose de quelqu'un, dans ce cas, un coup de main. Proposer une solution n'est pas une réponse appropriée : ce peut être vu comme un moyen de lui couper l'herbe sous le pied, de lui dire qu'elle n'est pas capable.

Le besoin de reconnaissance

On éduque traditionnellement les petites filles dans des valeurs de discrétion et d'humilité : ne pas faire de vague, faire ce qu'on a à faire sans se vanter, ne pas chercher la reconnaissance… On observe même une tendance au dénigrement : « Mais, non, c'est trois fois rien », « J'aurais voulu faire mieux… », « Ne faites pas attention, c'est le bazar »… Chez l'homme, chez qui il n'y a aucun mal à se montrer satisfait de soi-même, on ne peut espérer de reconnaissance sans auto-promotion. D'où des malentendus : ils ne remarquent pas les mérites des femmes, quant à elles, elles les trouvent égocentriques et vantards. Souvenez-vous que si la femme ne cherche pas la reconnaissance, elle en a néanmoins besoin et s'attend à ce que l'on prête attention à ses efforts et ses succès (comme elle le fait elle-même avec les autres).

Pour être entendues et reconnues, elles peuvent avoir recours aux figures de rhétorique qu'elles ont à leur disposition, hyperbole comprise. Les hommes reprochent donc souvent aux femmes d'exagérer. Sachez lire entre les lignes et ne prenez pas tout au sens littéral ! « J'ai passé la journée à courir » ne veut souvent dire que « Je suis fatiguée » tandis que « Ce qu'elle peut être désagréable ! » peut signifier « Je ne l'aime pas ».

Bien sûr, ces observations n'ont pas vocation à refléter fidèlement la réalité mais plutôt des tendances. Les différences culturelles tendent à s'atténuer mais les habitudes et les pratiques éducatives se perpétuent naturellement avec les générations.

La politesse

Pour une femme, il est impératif de préserver l'autre en ne lui imposant ni son point de vue ni sa volonté. Même dans des positions d'autorité incontestables, il est très rare de voir une femme employer l'impératif. « Rappelez M. X », « Fais une lessive » sont des phrases que vous n'entendrez pas d'une femme qui préférera des tournures du type : « Ça vous ennuierait de rappeler

M. X ? », « Tu pourrais faire une lessive ? » Ne vous méprenez pas, il s'agit quand même d'une directive et ces tournures ne sont que formelles, elles n'ont pas pour objet de vous questionner sur votre capacité à accomplir l'action en question ni de vous faire un reproche (« Bien sûr que je peux, qu'est-ce que tu sous-entends par là ? »). De la même manière, une femme aura des scrupules à exprimer son refus d'une manière trop directe. « Je ne suis pas convaincue », « Je ne suis pas sûre » sont des manières polies de dire non, pas des invitations à insister.

Pour mieux vous faire comprendre du public féminin, apprenez à manipuler sa syntaxe.

– Bannissez à tout jamais l'impératif et le mot « non » de vos propos. Vous serez beaucoup plus efficace en y mettant les formes.

– Apprenez à conjuguer le verbe pouvoir et le conditionnel.

– Usez et abusez de tournures interro-négatives : plutôt que « C'est comme ça qu'il faut faire », « Tu ne penses pas que si on faisait comme ça, ça marcherait ? »

– Découvrez l'art de la mesure et les locutions adverbiales : un peu, pas vraiment…

À RETENIR

Sans tomber dans des généralités, on peut tout de même admettre certaines différences entre l'homme et la femme. Notamment dans l'utilisation du langage. Pour l'homme, parler signifie « action ». On parle pour faire quelque chose. La femme, quant à elle, se sert de la parole pour exprimer des sentiments, évacuer un stress... Elle est plus dans l'affect.

La femme est traditionnellement élevée dans des valeurs de discrétion et de respect de l'autre, son discours en aura donc la marque. Elle ne cherchera pas à se mettre en avant mais elle attendra tout de même que les autres s'aperçoivent de ses efforts. Sachez interpréter ses métaphores et ses circonvolutions pour n'en retirer que le message.

Une femme n'emploiera pas l'impératif pour formuler un ordre. Elle y mettra les formes par politesse et pour ne rien imposer à l'autre. De même, elle ne refusera pas catégoriquement une offre ou une demande. Pour bien vous faire comprendre d'une femme et ne pas paraître autoritaire ou rustre, soyez attentif à ne pas être trop direct avec elle.

Parler à un homme

« L'homme est né pour l'action, comme le feu tend en haut et la pierre en bas. »

Voltaire

Témoignage

« Je dirige une équipe de cinq personnes, tous des hommes et j'ai un mal fou à me faire obéir. Quand je demande à l'un s'il peut me donner des chiffres sur un dossier, soit il m'ignore, soit il grogne, soit il le prend mal. Quand j'émets des critiques sur un travail, du coup, je prends des pincettes, je dis "C'est bien, mais...". Eh bien, j'ai l'impression qu'ils ne retiennent que le "c'est bien" et que le "mais" passe à la trappe. L'autre jour, j'ai dit : "Je ne suis pas sûre qu'il faille présenter le dossier comme ça" et j'ai expliqué ce que je voulais en m'attendant à ce qu'il me revienne amélioré. Il n'est jamais revenu. Quand j'ai demandé des explications, on m'a rétorqué que je n'étais pas sûre alors qu'ils attendaient que je me décide ! Je me suis confiée à mon mari qui m'a dit que j'étais trop gentille, qu'il suffisait que je donne des directives sans y mettre particulièrement de formes. C'était justement ce que je voulais éviter : être trop autoritaire. Il m'a rassurée en me disant que tant que je n'abusais pas de mon autorité, personne ne me reprocherait de faire mon boulot. Je suis revenue travailler. J'ai rendu un dossier incomplet au premier que j'ai vu et je lui ai simplement dit : "Refaites-moi tout ce qui est annoté, si vous ne comprenez pas, je suis dans mon bureau". Le boulot a été fait correctement. Maintenant je suis plus directe dans le travail et ça fonctionne plutôt bien. Ça ne m'empêche pas de bien m'entendre avec mes collègues, par ailleurs. »

Marina, 35 ans

Un peu de théorie

Mars et Vénus

Les théories que l'on connaît selon lesquelles les femmes seraient par nature plus dans l'affect et les hommes plutôt dans l'action sont assez réductrices. Elles nous enferment dans des idées reçues et interdisent toute évolution. Les prendre pour argent comptant est donc assez dangereux. Néanmoins, on peut admettre que des siècles de domination masculine ont conditionné notre vision du monde, la façon dont nous nous exprimons et nous comportons et qu'il est utile d'en avoir conscience pour s'adapter et communiquer de façon plus efficace.

L'humilité, par exemple, est une valeur essentiellement féminine. Chez les hommes, quand on est fier de son travail, on le dit. Et tant pis pour vous si vous ne faites pas valoir vos droits à la reconnaissance. N'attendez pas qu'on remarque vos efforts même si vous croyez qu'ils le méritent. Communiquez. Dites-vous que vous le faites dans un souci d'information. Si vous pensez que vous faites tout à la maison sans que personne ne s'en rende jamais compte, tandis qu'on félicite votre mari qui fait la cuisine une fois par an, ne rongez pas votre frein sans rien faire. Énumérez-lui chaque jour tout ce que vous avez fait pour la communauté par le menu, sans cela il risque de ne pas s'en rendre compte.

Se demander pourquoi le message ne passe pas quand on s'exprime de telle ou telle façon et savoir interpréter les propos de son interlocuteur à travers ce filtre peut être une piste pour mieux se comprendre.

Action versus affect

On peut remarquer certaines singularités dans le comportement des hommes, en particulier au travail où les relations sont le plus souvent hiérarchisées : ils parlent pour agir. Ils donnent et reçoivent des ordres. Tout cela est très simple et direct. Y mettre les formes, comme le font la plupart des femmes est susceptible de brouiller le message pour eux. Quel est l'intérêt d'ajouter des mots s'ils ne sont pas signifiants ? Par exemple, prenez la phrase : « Tu pourrais faire telle chose ? » Le conditionnel présent introduit une nuance d'incertitude (« éventuellement ») et la nécessité de l'action ne paraît plus si évidente que ça. Il y a donc déjà un malentendu dans les deux parties. Si on la prend littéralement, cette demande ne fait que questionner sur les capacités de quelqu'un à exécuter une tâche, mais si la réponse est affirmative, on peut se demander si ce n'est pas un reproche déguisé (on peut comprendre : « Si tu as la capacité de le faire, pourquoi ne le fais-tu pas ? »). Une phrase somme toute anodine pour une femme telle que « ça t'ennuierait de passer chez le teinturier ? » peut dégénérer en règlement de compte si elle est mal comprise. Attention donc à la mauvaise interprétation que l'on fait parfois de certaines demandes. Si vous rechignez à employer l'impératif, utilisez des tournures du type « je voudrais que » ou « j'aimerais que » qui, bien que moins directes, ne laissent pas de doute quant à vos intentions.

La critique et le refus

Comme quand vous donnez des directives, si vous devez émettre une critique envers quelqu'un, faites-le franchement sans passer par des chemins détournés. Pour vous, c'est une manière de ne pas être agressive, d'être gentille, respectueuse et de ne pas abuser de votre situation de supériorité. Mais lui ne retiendra que ce qui l'arrange sans faire d'effort d'interprétation. N'ayez pas peur d'utiliser des mots forts et sans ambiguïté pour bien vous faire comprendre : si vous pensez qu'une réalisation masculine est « nulle », dites-le. Ce mot est clair, efficace et, même s'il n'est pas vraiment agréable à entendre sur le moment, vous pourrez être pratiquement sûre que votre interlocuteur ne le prendra pas personnellement, qu'il l'entendra et qu'il fera bien son travail par la suite.

Clarifiez votre discours en matière de refus. Apprenez à dire « non » sans modérer votre propos sinon vous risquez de laisser entendre que votre refus n'est pas définitif. Vous en avez sans doute déjà fait l'expérience lors de tentatives de séduction infructueuses, nul ne sert de louvoyer et de trouver des excuses, rien n'est plus efficace qu'un « non » franc et sans appel.

Le trait est bien entendu outré ici pour mieux mettre en valeur notre propos. Il n'y a évidemment pas une façon de parler spécifique aux femmes et aux hommes mais des tendances. Ces tendances sont en grande partie culturelles, mais elles tendent à disparaître à mesure que la société évolue.

À RETENIR

Les hommes et les femmes ne fonctionnent pas tous de la même façon, fort heureusement. Malgré leurs différences, ils doivent essayer de trouver un terrain d'entente pour communiquer ensemble. Mais il ne faut pas non plus les cantonner dans des rôles trop définis. Servez-vous de ces conseils comme piste de réflexion pas comme guide de communication.

Mesdames, commencez par mettre au placard votre modestie, et prenez exemple sur vos congénères masculins : revendiquez ce que vous croyez mériter. Sans cela, vous n'obtiendrez rien. Si vous ne parlez pas de ce que vous accomplissez, personne ne se rendra compte de votre travail et vous n'aurez aucune reconnaissance. Vous serez donc frustrée.

Oubliez donc la modalisation, les adverbes et les questions. Ne doutez plus, n'essayez pas d'être sympathique, allez plutôt à l'essentiel et assumez-vous. Vous voulez qu'on fasse quelque chose, dites-le clairement. Vous n'êtes pas d'accord, vous êtes mécontente, exprimez-vous. Ne laissez aucune place à l'incertitude ou à l'ambiguïté dans votre message.

Le langage du corps

« Les yeux sont les fenêtres de l'âme. »

Georges Rodenbach

Témoignage

« Je reviens d'un tournoi de poker. J'ai vite été éliminé mais j'ai continué à regarder. Le poker est un jeu de hasard mais la difficulté principale pour moi est de réussir à cacher mes « tells », c'est-à-dire toutes les réactions qui peuvent trahir mon jeu. Il est presque impossible de ne rien exprimer pendant une partie. Il y a toujours un paramètre qui tend à nous échapper : le regard, la voix, les mains… Les techniques qu'on emploie ne sont pas des secrets mais il faut vraiment avoir un bon niveau pour les maîtriser. Il y a, par exemple, le fait d'adopter une gestuelle propre pour le jeu : les mouvements doivent être automatiques et indépendants de l'état d'esprit. Il faut également apprendre à rester calme, à maîtriser ses émotions. On peut aussi porter des lunettes de soleil pour cacher l'expression de ses yeux. Surtout ne pas parler plus que nécessaire et adopter toujours la même syntaxe.

Il est aussi important de pouvoir lire les « tells » des autres. Chaque individu a sa propre façon de jouer, il n'y a donc pas de truc infaillible pour détecter la technique qui marche. Une bonne observation est la clef de tout. Pour découvrir les « tells » des adversaires, il faut se concentrer sur tous leurs mouvements pour repérer un indice, une manie, un geste récurrent. Vous aurez touché le gros lot si vous découvrez que votre adversaire a une attitude particulière quand il bluffe. Surtout, il faut toujours faire le lien entre les attitudes des joueurs et le contexte du jeu. »

Maxime, 30 ans

Un peu de théorie

La communication non verbale

On ne communique pas seulement avec le langage. Notre corps et notre visage expriment quelque chose, eux aussi, de tout aussi important. La posture, la gestuelle, les différentes expressions du visage, les tics, la distance, les vêtements même, sont signifiants. Prêter attention aux positions du corps et aux mimiques qu'on peut lire sur le visage peut permettre de mieux comprendre son interlocuteur, de lire des choses en lui sans qu'il parle, voire de connaître la vérité alors qu'il essaie de nous mentir. Réussir à percevoir cela chez l'autre peut nous aider à maîtriser plus complètement le message que nous aussi nous envoyons.

Prenez, par exemple, un entretien d'embauche : les deux personnes sont normalement assises l'une en face de l'autre (parfois à côté). « Être assis sur une chaise » : cette simple position implique en réalité une multitude de positions (bras croisés, mains sur les cuisses, jambes croisées, main sur la bouche, etc.), qui révèlent un peu de votre personnalité ou de votre état d'esprit du moment. Ces attitudes sont toutes susceptibles de modifier la façon dont vous perçoit votre interlocuteur que ce soit de façon consciente ou inconsciente. Les professionnels du recrutement sont en général au fait de ces postures et savent lire le candidat indépendamment de ce qu'il dit. Ils savent décrypter ce que le corps exprime. Mais, nul n'est besoin de synergologie (la discipline qui étudie ces phénomènes) pour « sentir » les personnes.

Langage du corps et manipulation

À chaque geste ne correspond malheureusement pas un état d'esprit précis. Ce serait trop simple. Par exemple, mettre sa main devant la bouche peut tout aussi bien signifier l'intérêt que le désaccord le plus complet. La synergologie n'est pas une science et une observation valable pour une personne n'est pas forcément valable pour une autre (surtout si elles sont de cultures différentes). Ce qu'il faut retenir surtout, c'est simplement que la position est signifiante. Il y a néanmoins des constantes : en règle générale, on admettra qu'il y a des positions ouvertes et des positions plutôt fermées. Dans les positions fermées, il y a un repli sur soi, c'est-à-dire qu'on croise les bras, les jambes, on serre ses mains, on replie ses jambes sous la chaise... Tout cela n'est pas bon signe pour l'interlocuteur et, de toute évidence, on ne lui fait pas confiance et on n'est pas prêt à accepter ce qu'il propose.

Pour celui qui veut faire preuve d'influence, la maîtrise du langage du corps est un formidable outil. D'abord parce qu'elle permet de savoir où l'on met les pieds, c'est-à-dire de voir si la personne est réceptive ou non à ce qu'on lui dit, si elle ment, si elle doute, si elle nous fait confiance... On peut ainsi adapter son discours et en constater les effets.

Il est également important d'avoir conscience des messages que l'on renvoie, pour ne pas se trahir quand on ment par exemple ou pour donner une impression de confiance, d'assurance.

Le cas du mensonge

À moins d'être bien entraîné, comme c'est le cas des grands joueurs de poker, par exemple, on ne peut mentir sans être trahi par son corps. Plusieurs signes peuvent être repérés.

Tout d'abord, commençons par étudier les yeux : les pupilles de l'œil sous l'effet de la chaleur mais aussi des émotions diverses se dilatent et se rétractent. On admet qu'elles se dilatent sous le coup d'une émotion positive et qu'elles se contractent quand nous éprouvons une émotion négative, ce qui arrive quand on ment. C'est la raison pour laquelle les joueurs de poker portent des lunettes noires, pour ne pas qu'on les voit bluffer.

Ensuite, on peut observer au niveau de la respiration qu'une personne qui ment a tendance à expirer en fin de phrase, c'est comme un soupir de soulagement. C'est un phénomène qu'il est assez difficile de repérer, il faut être assez prêt pour l'observer.

En ce qui concerne les contacts entre les mains et le visage, on se toucherait plus le visage quand on est en désaccord avec ce qu'on dit. Ce peut être poser un doigt sur sa bouche, se gratter le nez, se frotter un œil, etc.

On peut également voir qu'un sourire sincère entraîne un plissement des yeux alors qu'un sourire forcé aura tendance à n'être exécuté que par la bouche.

Et pour finir, les attitudes inhabituelles ou répétitives comme croiser et décroiser les jambes, se passer la main dans les cheveux de manière répétée, malmener un objet... toutes ces attitudes trahissent un certain malaise, une forme de nervosité.

À RETENIR

Les gestes, les postures, les expressions du visage en disent autant que le message verbal, voire plus. Par exemple, si votre interlocuteur se replie sur lui-même, c'est qu'il n'est pas réceptif à ce que vous dites. Apprendre à reconnaître ces signes chez les autres peut nous aider à les identifier chez nous et à mieux maîtriser l'image que nous renvoyons.

Une posture ou un geste n'ont pas forcément le même sens en fonction des personnes et des situations. On peut retenir qu'il existe des positions fermées et ouvertes qui révèlent un peu de notre état d'esprit et de notre personnalité. Savoir maîtriser son corps permet d'adapter son discours ou son comportement par rapport aux circonstances.

Le corps traduit toujours le conflit qui existe entre ce qu'on dit et ce qu'on pense même si c'est de manière imperceptible. Faites attention à ce que vos gestes disent de vous. Votre corps peut vous trahir, que ce soit au niveau des yeux, de vos mouvements de mains vers votre visage, de votre respiration, votre sourire ou de vos attitudes.

Toucher et proxémie

« Notre conseil : si vous voulez rester maître de vous-même en toutes circonstances, n'acceptez pas qu'on vous touche ! »

R.-V. Joule et J.-L. Beauvois

Témoignage

« Quand j'ai commencé à bosser dans la concession automobile, on m'a reproché d'être trop familier avec les clients. Non que je sois incorrect avec eux ou que je leur parle comme à des proches, non, ce qu'il y a, et ce qui a posé problème à mon patron, c'est que je les touche, je ne peux pas m'en empêcher. C'est comme ça, quand je dois parler à quelqu'un pour le convaincre, j'accompagne la parole d'un contact. Pas de manière outrancière ni déplacée, attention, j'établis juste un contact physique, je leur touche l'avant-bras par moments. Ou je les prends par le bras pour leur montrer un détail de la voiture. Ça n'a rien de sexuel, je fais ça aux hommes comme aux femmes. C'est assez naturel chez moi et puis j'ai l'impression que ça crée un lien, je ne sais pas, il me semble qu'ils m'écoutent mieux de cette manière, qu'ils se sentent plus concernés par ce que je leur dis. Après les remarques de mon chef, j'ai fait plus attention et j'ai essayé d'arrêter. Eh bien, mes chiffres ont baissé de manière vraiment significative ! C'était étonnant ! Est-ce que c'était parce que j'étais moins à l'aise, moins sûr de moi ? Effectivement, je sentais que je me censurais, que je n'étais plus tout à fait naturel, je me retenais d'être ce que je suis vraiment et j'étais moins convaincant. Comme on est quand même là pour vendre, le directeur a fini par me laisser faire comme je l'entendais. Après tout, personne ne s'était jamais plaint et je suis l'un des meilleurs vendeurs du magasin. »

Cédric, 43 ans

Un peu de théorie

La proxémie

On doit le terme de proxémie à l'anthropologue américain Edward T. Hall. Il s'agit d'une approche étho- et ethno-méthodologique des situations de communication. Une observation éthologique des animaux révèle que les rapports de proximité entre les différents membres régulent en partie le comportement de chacun. Tout se passe comme si des sphères invisibles définissaient une bulle autour de chaque individu et que la relation entre les individus et la taille de la bulle étaient interdépendantes.

Edward T. Hall adapte cette dimension cachée aux comportements humains. Il définit quatre bulles dans lesquelles il différencie deux positions, proche et éloignée. À chaque sphère, correspond une manière de percevoir particulière : on ne voit pas une personne de la même façon quand on est à 40 centimètres ou à 2 mètres, on ne l'entend pas de la même façon, les odeurs ne sont pas perçues de la même manière non plus…

– La bulle intime : c'est celle que l'on a avec la personne qui partage sa vie et ses enfants. La position proche correspond au contact et la position éloignée peut aller jusqu'à 45 centimètres.

– La bulle personnelle : c'est celle des amis, elle peut atteindre 1,25 mètre.

– La bulle sociale : celle qu'on adopte avec ses collègues par exemple.

– La bulle publique : celle du discours où la prise de parole est hiérarchisée. Dans ce contexte, on n'a plus guère de contacts visuels directs, l'auditeur peut se soustraire de l'influence de celui qui parle sans effet notable.

Communication et proxémie

D'une manière générale, ces distances s'établissent de façon vraiment naturelle, instinctive, en fonction des personnes avec lesquelles on se trouve : conjoint, amis proches, collaborateurs... Et les transgresser est le signe d'une volonté, consciente ou non, de changer le mode de relation avec l'autre. Il n'y a qu'à penser à une situation de séduction, par exemple : on commence dans la bulle sociale, on passe à la bulle personnelle pour aboutir finalement à celle de l'intime. Il est intéressant d'avoir conscience de ces bulles parce que c'est se donner le pouvoir de jouer avec la représentation de la relation qu'a son interlocuteur et de savoir où il se situe.

D'un point de vue professionnel, un directeur qui voudrait changer de relations avec ses employés pourrait ne plus faire que des réunions informelles, dans une salle plus petite, par exemple, ce qui lui permettrait de se rapprocher physiquement de ses collaborateurs. Ces derniers se sentiraient alors plus impliqués par ce qu'il dirait : il passerait ainsi de la bulle publique à la bulle sociale, voire personnelle avec certains d'entre eux.

Attention, il faut savoir que ces distances dépendent de beaucoup de facteurs, comme notre éducation, par exemple. La culture dans laquelle on a l'habitude d'évoluer aussi détermine notre rapport à la proxémie : l'espace entre les personnes est plus grand pour un Français que pour un Chinois par exemple, mais il est plus petit que celui d'un Américain.

Ne me touche pas !

Il semblerait, malgré ces observations avérées, que le toucher bénéficie d'un statut spécial et ce dans toutes les cultures. Théoriquement, le toucher quand on n'appartient pas à la sphère des intimes ou des amis devrait constituer une transgression, une intrusion et causer de la répulsion. On penserait plutôt qu'on n'a pas envie d'être touché par un inconnu. Mais des études ont montré qu'au contraire, c'était un catalyseur d'influence. R.-V. Joule et J.-L.

Beauvois recensent un certain nombre de situations où il a été prouvé que le toucher avait une influence positive. Dans une situation commerciale, par exemple, les personnes qui ont été touchées par un vendeur trouvent plus agréable le magasin dans lequel elles se trouvent, le personnel plus compétent et elles achètent plus facilement. En général, être touché modifie la perception qu'on a de son interlocuteur, renforce la confiance en lui, permet de se sentir plus à l'aise, rend de meilleure humeur et réduit le stress. Et, dans un contexte de requête, celle-ci est plus facilement acceptée quand la personne sollicitée a été touchée. Bien sûr, il peut y avoir des ratés, il y aura toujours des personnes méfiantes, choquées de vous sentir pénétrer une sphère plus intime. C'est pourquoi il convient de manier cette technique avec délicatesse, de bien estimer avant à qui vous avez affaire et de ne pas être trop insistant, une simple pression discrète sur le bras suffit généralement.

À RETENIR

À chaque type d'interaction et selon les cultures, il y a une distance correspondante. Ces distances sont comme des bulles dans lesquelles évoluent les relations entre les personnes. On peut en distinguer quatre sortes : la bulle intime, personnelle, sociale et publique. À l'intérieur de ces bulles, il y a deux positions : proche et éloignée.

Se rapprocher de quelqu'un ou au contraire s'en éloigner brouille la perception de la relation. On peut aussi choisir délibérément de changer de mode de relation. Avoir conscience de ces distances permet d'en jouer et de maîtriser un autre paramètre de la communication. Notre rapport à la distance dépend aussi de notre culture et de notre éducation.

Contrairement à ce qu'on peut penser, Il a été prouvé qu'en dépit de ces distances, créer un contact physique avait de manière générale un impact positif sur la communication et favorisait la manipulation. En effet, toucher une personne, même une inconnue, met en confiance : elle sera donc plus facile à influencer si on a une demande à lui faire.

Désamorcer un conflit

« Nul n'est méchant volontairement. »

Socrate

Témoignage

« Dans mon métier, les occasions de conflits sont quotidiennes. Je suis responsable de projet éditorial et je coordonne les intervenants de la chaîne du livre.

A., auteur, nous livre un texte, elle est communicante professionnelle, c'est d'ailleurs comme cela que nous l'avions repérée. Pour la promotion, elle nous fournit une liste de noms de journalistes qu'elle connaît. J'attends donc de notre département des relations presse qu'il promeuve en priorité le livre auprès de ces personnalités du journalisme.

Quelques jours après, notre auteur se plaint de la sécheresse du communiqué de presse : "Nous vous rappelons qu'il est impératif de faire figurer la couverture à côté de votre chronique", "La reprise de contenu de l'ouvrage sans autorisation est formellement interdite".

Je connais la susceptibilité de notre attachée de presse et son incapacité à remettre en cause ses méthodes de travail. Je sais aussi que seule la flatterie fonctionne avec elle et qu'elle déteste perdre la face. Je lui envoie donc un message où rien n'est vrai :

« Chère D., Un grand merci pour ton communiqué de presse. Notre auteur a déjeuné avec un des journalistes et il a été convaincu par ton argumentaire. Pourrais-tu s'il te plaît me le transmettre ? »

Je reçois ensuite un long communiqué de presse illustré, bavard, enjoué, qui n'a plus rien à voir avec le précédent. Et, comme par hasard, les journalistes de ma fameuse liste aussi. D. s'est peut-être sentie acculée, mais son honneur est sauf. »

Camille, 52 ans

Un peu de théorie

Des personnalités différentes

Dans la vie, Il y a toujours une personne pour nous gâcher l'existence. Conflits réels ou larvés, incivilités, malentendus, en famille, sur la route ou au travail sont notre lot quotidien. Dans les situations de crise, la tentation est grande de répondre de la même façon mais ce n'est pas la bonne solution. À court terme, cela permet sans doute de se défouler mais cela interdit tout progrès.

Troubles pathologiques mis à part, on doit admettre qu'il n'existe pas de vraies « personnalités difficiles ». Il y a juste des individus différents qui ont des fonctionnements ou des relations qui, à un moment donné, ne marchent pas comme ils le voudraient. Beaucoup de paramètres entrent en jeu dans une relation interpersonnelle : qu'elle soit occasionnelle et purement utilitaire (le vendeur/le client), professionnelle (entre collègues ou hiérarchie), familiale ou amoureuse. Le contexte joue un rôle important bien sûr mais il y a aussi l'histoire personnelle de chacun (son éducation, sa culture...) et sa personnalité. On a tous en tête des personnes dont on dit qu'elles sont susceptibles, sans arrêt « sur la défensive », qu'elles se sentent agressées, qu'elles ne comprennent pas l'humour.... Chacun a sa manière de réagir – et de ressentir l'événement – quand une difficulté se présente, et la plupart du temps les gens ne sont pas « sur la même longueur d'onde », ils ne comprennent pas ou interprètent mal l'attitude des autres, ce qui cause malentendus et différends.

Une histoire de déclic

Si on veut apprendre à se comporter différemment pour aller de l'avant, agir de manière constructive et ne plus se laisser emporter par la colère, quelques techniques existent qui permettent de maîtriser et de neutraliser les conflits. Pour éviter de rentrer dans le schéma des nombreuses réactions types face à un désaccord (bouder, sortir de ses gonds, fuir la situation, se braquer...), le docteur Zaczyk, auteur de *Comment avoir de bonnes relations avec les autres*, nous apprend comment vivre au quotidien nos relations de manière sereine tout en acceptant les différends qui existent entre nous et les autres. Il suggère d'essayer de prendre conscience des déclics qui se produisent en nous et qui conditionnent ces attitudes malheureuses. Il isole plusieurs causes à ces réactions : les choses ne sont pas comme on pense qu'elles devraient être, on a le sentiment d'avoir perdu quelque chose, on éprouve un sentiment d'abandon, l'estime de soi a été ébranlée. Identifier ses déclics permet d'avoir une vision plus objective de la situation et de ne pas se laisser entraîner dans une chaîne de réactions peu constructives. Cela permet aussi de les repérer chez son interlocuteur et ainsi empêcher leur apparition. Par exemple, dans le domaine professionnel, on sait qu'avec certaines personnes, il vaut mieux ne pas remettre en cause leur travail directement mais plutôt passer par des moyens détournés si on veut continuer à travailler de façon harmonieuse avec elles, sans les bloquer.

Les méthodes pour gérer le conflit

Si on veut redevenir maître de la situation, il convient tout d'abord d'essayer de sortir du conflit (métaphoriquement) et de se demander où l'on veut aller. Dans les relations professionnelles la réponse est plutôt simple : on veut faire en sorte que le travail soit fait et bien fait, si possible. Garder cet objectif en vue est primordial dans la suite des événements, il permet de ne pas en faire une affaire personnelle. Dès lors, il devient acceptable d'« encaisser » si l'on n'a rien à dire, ou d'agir si c'est possible.

Quand les conflits ne se déroulent pas en face à face (mails, téléphone…), la situation peut rester encore confortable, mais devant une personne furieuse, il est difficile de rester passif. Dans ces cas-là, comment agir ? La chose primordiale à éviter dans un premier temps est de répondre sur le même mode (on vous insulte/vous insultez). Pour savoir de quoi il retourne exactement, essayez donc l'écoute active : cela permettra à votre interlocuteur d'être plus à l'aise et de se recentrer sur son problème et la façon dont il le ressent.

Si, de toute évidence, vous ne pouvez accéder à la demande de votre interlocuteur ou que vous ne pouvez être d'accord avec son point de vue, essayez la méthode du disque rayé : elle consiste à réitérer votre refus autant de fois que nécessaire jusqu'à ce que votre interlocuteur comprenne qu'il n'a pas de prise sur vous : « Je vois bien que tu es mécontent, mais je ne changerai pas d'avis. »

À RETENIR

Les désaccords ou les disputes surviennent régulièrement dans notre quotidien. Tout le monde ne réagit pas de la même façon à ces événements mais il est souvent difficile d'adopter une attitude constructive face à eux. Cependant, on ne peut pas dire qu'il existe des personnes conflictuelles, mais plutôt des ratés dans la communication, des incompréhensions.

Face à un conflit, il vaut mieux ne pas réagir à brûle-pourpoint. Essayez plutôt de prendre conscience de ce qui se passe en vous quand vous vous retrouvez dans ces situations-là. Apprendre à reconnaître ces déclics permet d'éviter le conflit. Il faut connaître les siens mais aussi ceux de son interlocuteur pour rester objectif et empêcher l'escalade.

Prenez de la hauteur : poursuivez votre but sans prêter attention aux critiques.

La technique de l'écoute active vous aidera à développer votre empathie et à préserver l'estime de soi de celui qui vous parle.

Ou alors, essayez la technique du disque rayé : si la situation est sans issue, répétez la même chose jusqu'à ce que votre interlocuteur abandonne.

La synchronisation

« *Qui se ressemble s'assemble.* »

Proverbe

Témoignage

« Depuis le temps que je travaille au service après-vente, on peut dire que j'en ai vu passer des clients mécontents ! C'est un boulot assez ingrat, faut dire : on n'est là finalement que pour entendre les gens se plaindre. C'est assez dur de gérer ça au quotidien. Ce qu'il faut éviter de faire, je pense, c'est se sentir personnellement attaqué. Mais on a beau savoir que ce n'est pas notre faute, c'est parfois dur de ne pas le prendre pour soi quand un client vient se plaindre. Moi, j'essaie de me dire que je ne représente pas la boîte mais le client, que je suis son interlocuteur privilégié, que je ne suis pas là pour encaisser ses critiques mais pour l'aider. Après, c'est tout un art que de réussir à calmer quelqu'un de mécontent. Au début je pensais qu'il suffisait de rester calme quoiqu'il arrive. Grossière erreur ! Le plus souvent, ça les énerve, les gens, ils ont l'impression que vous ne les prenez pas au sérieux. Moi, ce que je fais, c'est que je me cale sur mon client : il est indigné (les livreurs ont abîmé son téléviseur), je suis indigné ("Ce n'est pas tolérable, vous avez raison"), il est inquiet (il craint d'avoir cramé son disque dur tout neuf), je suis inquiet ("J'espère que ce n'est pas trop grave"), etc. En fait, je me mets véritablement à sa place, sauf que moi j'ai les moyens de tout arranger. Et, petit à petit, comme je trouve des solutions, je change d'humeur et je me calme, ce qui a pour effet de calmer mon interlocuteur. C'est presque magique ! »

Jean-Louis, 48 ans

Un peu de théorie

Les divers plans de la synchronisation

La synchronisation est une des méthodes issues des théories élaborées par la programmation neurolinguistique. Elle consiste à adopter le même mode de communication que son interlocuteur. Son but initial est d'optimiser sa manière de communiquer en se mettant sur la même longueur d'onde que lui. C'est un fait avéré, on accorde plus facilement sa confiance à quelqu'un qui nous ressemble parce qu'on se sent plus proche de lui.

Pour se mettre au diapason de son interlocuteur, plusieurs facettes de la communication sont à prendre en compte.

– La synchronisation corporelle consiste à adopter certaines postures ou expressions qu'utilise votre interlocuteur. Attention, il ne s'agit pas d'imiter tous ses mouvements mais juste de lui emprunter un ou deux gestes. Ainsi, quelque chose en vous lui semblera plus familier. Cependant, il faut être prudent en utilisant cette technique, il s'agit d'être discret, subtil et de bien savoir doser les choses.

– La synchronisation verbale : là, c'est le discours qui est imité. Tous les aspects sont importants : le rythme, l'intonation, le volume sonore mais aussi les tournures de phrase, le vocabulaire employé. Parler de la même façon que votre interlocuteur, c'est vous garantir d'être compris et lui donner l'impression qu'il vous comprend parfaitement également.

– La synchronisation de l'humeur : c'est la technique qu'on peut utiliser au travail pour montrer à ses clients qu'on prend à cœur leurs intérêts en adoptant la même humeur qu'eux.

Synchronisation et manipulation

Cette technique peut être utilisée, on l'a vu, pour mieux vous faire comprendre, ce qui est primordial si vous cherchez à influencer les autres. Observez bien le discours des hommes politiques, vous constaterez qu'ils modifient leur propos en fonction de leur public : ils vont adopter un vocabulaire métier et un ton plus direct, une manière de s'exprimer plus simple, s'ils doivent, par exemple, rencontrer des ouvriers.

En outre, en vous mettant ainsi dans la peau de votre interlocuteur et si vous êtes particulièrement habile, il va se reconnaître en vous, se détendre, être à votre écoute et vous pourrez l'amener tout doucement à modifier son comportement. Au travail, vous pouvez être confronté à des clients ou à des collègues mécontents. En utilisant la technique de la synchronisation de l'humeur, c'est-à-dire en compatissant pour eux et en vous mettant dans le même état qu'eux, vous pouvez, insidieusement, prendre le contrôle. Votre interlocuteur se sentira alors compris et vous réussirez ainsi à le calmer et à l'influencer. Attention, pour réussir un tel tour, il faut un minimum d'entraînement, d'habileté et une certaine qualité d'empathie. En outre, ce n'est pas toujours la solution la plus appropriée (Vous n'allez pas vous battre avec quelqu'un parce que lui-même à envie d'en venir aux mains), parfois il faut au contraire faire preuve de désynchronisation. Il convient de bien analyser la situation en amont et de mesurer l'ascendant réel qu'on a sur cette personne.

La synchronisation, pour quoi faire ?

Cette technique permet de mieux communiquer, de se faire entendre, de convaincre et d'influencer quelqu'un sans qu'il s'en aperçoive, juste en le mettant en confiance en nous rendant familier à ses yeux. Elle est utile, on l'a vu, pour désamorcer des situations de crise, pour amadouer son interlocuteur s'il est indigné, en colère ou soucieux. Elle est aussi particulièrement efficace dans la vente (on se met dans le même état que son client) ou les entretiens d'embauche (on peut adopter le même langage ou la même gestuelle que le recruteur). On peut considérer qu'elle vient renforcer le sentiment d'appartenance : « Je me reconnais en lui, il prend telle décision dans cette situation donnée, je devrais faire de même. »

Cependant, cette technique est à manier avec précaution et doigté. Si vous n'êtes pas naturel, si votre synchronisation est trop appuyée, trop visible ou pas assez mécanique, vous risquez de vous décrédibiliser entièrement et de ne pas du tout atteindre votre objectif. Il faut que vous soyez très observateur et dans une écoute active de votre interlocuteur. Si vous décidez d'employer les mots des autres, veillez à bien les comprendre, sous peine d'être taxé de démagogie, d'opportunisme ou de passer pour une personne sans personnalité. De même, si la communication se fait naturellement, par exemple si vous vous sentez très à l'aise lors d'un entretien d'embauche, ce n'est pas la peine d'avoir recours à cette technique et de prendre le risque d'être démasqué.

À RETENIR

La synchronisation consiste à se mettre dans la peau de son interlocuteur pour créer une proximité avec lui et pouvoir mieux communiquer. Il existe plusieurs types de synchronisation : corporelle (on utilise ses gestes ou sa posture), verbale (on emploie le même langage, le même rythme, etc.), ou de l'humeur (on se met dans le même état que lui).

Cette technique permet également d'influencer les autres. Si vous vous mettez sur la même longueur d'onde qu'eux, en utilisant notamment l'empathie, ils se reconnaissent en vous et la communication est plus fluide : cela créer une relation de confiance. Sachez vous adapter aux situations et aux personnes et optez aussi parfois pour la désynchronisation.

La synchronisation, malgré ses multiples atouts, reste cependant délicate à manipuler, il faut savoir doser ce qu'on emprunte à l'autre et le restituer de manière crédible. Elle nécessite de l'entraînement, de la discrétion, un grand sens de l'observation, une certaine écoute et de la finesse. Si on découvre votre technique, vous perdrez toute considération.

La position d'autorité

« L'habit ne fait pas le moine, mais il fait l'homme du monde. »

Claude Aveline

Témoignage

« Je suis resté au chômage pendant longtemps. Mon CV et ma lettre de motivation suffisaient à m'obtenir un entretien mais après, je me plantais systématiquement. J'étais assez naïf pour croire que mes compétences suffiraient. Déjà, j'arrivais habillé normalement et je parlais simplement, naturellement. Résultat : je passais pour un stagiaire alors que je postulais à des postes de manager. À un entretien d'embauche, il faut jouer un rôle, mettre un costume et agir comme si on était l'homme providentiel. Ce que je me suis finalement décidé à faire. J'ai acheté un costume, des chaussures en cuir, une mallette, j'ai potassé des statistiques et bossé ma langue de bois. Pendant l'entretien, j'ai joué au mec de 40 ans à qui on ne la fait pas : j'ai été posé, j'ai parlé au DRH d'égal à égal et l'ai noyé sous les phrases fumeuses de pseudo-théorie de management. Ça marchait complètement, je pouvais voir dans ses yeux qu'il était impressionné et ça me galvanisait. Nous avons fini l'entretien par une poignée de main bien virile juste avant que je ne l'invite à faire une partie de golf. Et bien sûr, j'ai réussi à avoir le boulot : un job en or avec plein de responsabilités et une paie assortie. Cela fait quelques mois déjà, au début j'ai continué à jouer mon rôle et puis j'ai relâché la pression petit à petit et aujourd'hui je suis à peu près naturel. Je n'ai pas l'impression d'avoir usurpé ce boulot, j'ai de bons résultats, personne n'a à se plaindre de moi. »

Nicolas, 35 ans

Un peu de théorie

Autorité, soumission et manipulation

Le réflexe de soumission est solidement ancré en nous. Dès l'enfance, on se soumet naturellement à l'autorité des adultes (des parents à la maison et des professeurs, à l'école) et l'on ne la remet en question qu'à l'adolescence. Cette autorité est bénéfique, elle nous permet de ne pas douter de tout. Elle est légitime parce qu'elle s'appuie sur des connaissances et une expérience qui font défaut au petit enfant. Par la suite, si l'on se défend d'être soumis à aucune autorité, il est des personnes dont on ne remet pas la parole en doute à moins d'être soi-même de la partie. Pensez entre autres à votre médecin de famille ou à l'inspecteur des impôts.

La position d'autorité peut être utilisée pour des nobles causes. Elle est notamment utilisée pour collecter des fonds ou œuvrer pour la prévention (voyez les publicités qui montrent des chercheurs ou des médecins). C'est aussi de ce ressort que jouent les professeurs qui veulent faire progresser les élèves.

Sans avoir une position d'autorité reconnue, vous pouvez utiliser le réflexe de soumission pour obtenir ce que vous désirez. Il suffit souvent d'arborer les symboles de l'autorité pour faire illusion. Ce peut être particulièrement utile dans la recherche d'un emploi, dans l'exercice du management ou tout simplement pour créer un sentiment de confiance ou mettre en valeur votre propos. Attention, il s'agira d'être à la hauteur par la suite, si votre « numéro » venait à déboucher sur une relation plus longue.

Des expériences éloquentes

Les recherches les plus édifiantes en matière de soumission à l'autorité sont celles que le psychologue américain Stanley Milgram a menées au début des années 1960. Il s'agissait d'évaluer le degré d'obéissance à un ordre émanant d'une autorité présentée comme légitime même si celui-ci était contraire à la morale ou posait des problèmes de conscience. Dans cette expérience, on demandait à des sujets d'infliger à d'autres sujets des décharges électriques croissantes pour évaluer leur effet sur la mémorisation, le tout sous l'autorité d'un professeur. En effet, à chaque fois que la personne commettait une erreur, elle recevait une décharge. Malgré la souffrance (fictive) des « victimes », il s'est avéré que 62,5 % des sujets ont continué l'expérience jusqu'au bout, parce que le professeur les engageait à poursuivre. Ce dernier les tranquillisait en leur assurant qu'ils ne seraient pas tenus pour responsables des conséquences et qu'il fallait terminer l'expérience, que c'était le jeu.

Plus récemment, la chaîne France 2 a mis en scène une expérience similaire : un jeu de questions fictif où les participants devaient envoyer des décharges électriques à chaque mauvaise réponse. Dans cette expérience, 80 % des tortionnaires ont accepté ! Ces expériences ont démontré que le réflexe de soumission était extrêmement fort chez la plupart des personnes du moment qu'il fallait obéir à une autorité légitime, et qu'il passait outre le bon sens ou la morale la plus élémentaire.

Les symboles de l'autorité

L'autorité vraie a besoin de temps pour s'imposer, pourtant le réflexe de soumission est la plupart du temps immédiat. Pourquoi ? Parce que ce à quoi nous sommes sensibles, ce sont les symboles de l'autorité. Ces signes extérieurs d'autorité peuvent être de plusieurs types :

– Naturels : une carrure imposante, une présence inébranlable, une manière de s'exprimer avec aisance peuvent déclencher une soumission naturelle chez qui n'est pas sûr de lui. Certains individus possèdent un charisme naturel, une assurance et une autorité qui font que personne ne viendrait contredire ce qu'ils disent ou s'opposer à ce qu'ils demandent. Ils sont prêts à croire tout ce qu'ils racontent sans douter du tout. Pour d'autres, malheureusement, c'est le contraire, ils ont beau avoir les meilleurs arguments du monde, être très sympathiques, cultivés, intéressants, leur voix n'est jamais écoutée, c'est à peine si on les remarque.

– Identitaires : un simple titre peut endormir toute vigilance ou aider simplement à ouvrir des portes : « Maître Lemoine à l'appareil, je vous appelle au sujet de mon chauffe-eau. » On est tout de suite impressionné par ces personnes-là qui n'ont pas l'air d'être n'importe qui, qui ont fait des hautes études, qui ont un métier prestigieux ou portent un titre de noblesse.

– Accessoires : des vêtements ou des objets symboliques, comme le costume et l'attaché-case chez un homme d'affaire, en font souvent bien plus qu'une argumentation étayée.

À RETENIR

La soumission est héritée de l'enfance et perdure dans certaines situations où nous sommes comme conditionnés à obéir sans réfléchir ou du moins à ne pas remettre en question celui qui incarne l'autorité.

L'autorité peut être utilisée pour influencer les autres, comme le font les leaders d'opinions. À vous de ne pas en abuser et d'en tirer le meilleur parti.

Cette expérience réalisée dans les années 1960 aux États-Unis a servi à estimer le degré d'obéissance d'un certain nombre d'individus à une autorité légitime. La majorité des personnes ont accepté d'obéir aux injonctions pourtant cruelles (provoquer une décharge électrique) à partir du moment où c'était un professeur, un scientifique qui les sollicitait.

Ce sont ces symboles qui conditionnent le réflexe de soumission. Parce qu'ils ont fait des études, qu'ils ont de grandes responsabilités, les professeurs, les médecins, les hommes de lois inspirent le respect : un képi, une blouse blanche ou un titre assoient l'autorité de manière instantanée. Cela les pose d'emblée comme crédibles et dignes d'intérêt.

L'illusion du libre arbitre

« Le libre arbitre des hommes consiste à choisir la femme qui décidera à leur place. »

Bernard Werber

Un peu de théorie

La liberté, un concept bien relatif

Pour se sentir digne, respectable et bien « humain », bref, pour se sentir « bien dans sa peau », l'homme a besoin de sentir qu'il contrôle sa vie. Contrôler sa vie, c'est prendre ses décisions soi-même, sans être contraint par des forces extérieures… ce qui est bien évidemment le contraire de la manipulation. Mais est-on vraiment libre ? L'homme peut-il vraiment avoir un contrôle complet de sa destinée ? Des philosophes s'écharpent depuis des siècles pour définir ce terme et nous n'avons pas la fatuité de répondre à cette question.

Mais nous pouvons quand même dire certaines choses. Quels sont les facteurs limitant notre libre arbitre ? Ils sont nombreux, n'en déplaise aux épris de liberté. Notre corps est premièrement notre principale prison : car nos cinq sens limitent déjà nos capacités. Un individu aveugle aura certainement une liberté bien différente qu'un individu voyant.

Deuxièmement, notre capital génétique nous apporte, certes, des capacités immenses, mais différentes selon les personnes, avec parfois même des failles non négligeables…

Troisièmement, notre vécu, nos relations et notre histoire, avec ce que cela comporte de traumatismes, de souvenirs, de souhaits et de frustrations, limitent encore notre espace de liberté et forgent notre personnalité, avec ses défauts et ses qualités.

Enfin, chaque situation dans laquelle on se trouve limite notre liberté d'agir et nous pousse à adopter certains comportements.

Ce sentiment de liberté serait par conséquent une sorte de compensation que l'être humain a trouvée pour contrebalancer toutes les contraintes physiques, relationnelles, familiales, sociales et situationnelles dont il dépend et qui limitent ses actes et ses pensées. La liberté est cette mince marge de manœuvre qui est laissée à l'homme et c'est justement parce qu'il n'en a pas beaucoup que celle-ci lui est chère.

Liberté, engagement, manipulation

Le propre d'une bonne manipulation est donc de laisser le maximum de sentiment de liberté à la personne manipulée. En effet, lui laisser un sentiment de libre choix, c'est la manipuler deux fois : non seulement vous lui faites faire ce qu'elle n'aurait jamais fait en temps normal spontanément mais en plus, elle pense qu'elle l'a fait elle-même « de son propre gré ». La partie est alors gagnée, votre impunité aussi, puisqu'elle pense en être la seule (ou du moins la première) responsable.

En effet, la liberté est la base de ce que l'on appelle le besoin de cohérence et d'engagement. Amené à entamer une action, un individu se sent obligé de la continuer, même si cela ne lui est absolument pas imposé, pour respecter ce besoin de cohérence interne, même si parfois, des contraintes externes l'y obligent aussi. Par exemple, dans le cas de certaines communautés comme les fameux « gangs » aux États-Unis, ceux qui veulent en faire partie doivent tuer une autre personne, ce meurtre faisant office de rite d'initiation. Ce « rituel » a un effet extrêmement puissant sur la personne qui doit s'y soumettre : l'individu

ayant tué se voit alors comme un tueur et il lui est ainsi plus facile de recommencer à tuer, comme il lui est plus difficile de revenir en arrière (sans parler des conséquences judiciaires évidemment).
Cet effet d'engagement est d'autant plus important, si l'individu en question a le sentiment qu'il s'est engagé de lui-même et non contraint et forcé. De nombreuses techniques de manipulation, développées dans ce livre, sont issues de ce principe, qui nous aveugle et auquel il est difficile d'échapper. Il est amusant de noter que la liberté est une des notions conditionnant notre engagement, ces deux notions étant, dans leur définition, si éloignées l'une de l'autre...

Soumission librement consentie

La soumission librement consentie consiste donc à faire quelque chose qui a un coût tellement important que nous ne l'aurions jamais fait spontanément, et cela même parfois sous la contrainte (ce qui est très proche de la manipulation, avouons-le). Pensez à la dernière fois où vous avez fait les magasins : il est sûr que certaines techniques de vente sont bien plus efficaces (conseils avisés, liberté de flâner entre les rayons, sourires et encouragements légers) que les bonnes vieilles techniques de coercition (un canon scié sur la tempe, par exemple... quoique !).

Pour être plus sérieux, on n'agit jamais autant que quand on se sent libre de le faire. Et cette technique a un avantage : là où la force de l'obligation s'annule quand il n'y a plus de menaces ou de peur, la soumission librement consentie s'entretient d'elle-même, puisque la personne manipulée n'est pas consciente de sa soumission...

Certaines phrases, certains mots sont ainsi des techniques de manipulation, rien que dans le fait de les énoncer. Car votre cerveau, à les entendre, est trompé : le simple fait d'entendre qu'il « pourrait » éventuellement refuser le rassure et le fait plier à certaines volontés supérieures… Ainsi, lorsque quelqu'un vous dit : « Tu sais, tu es libre de le faire, je ne voudrais pas t'y obliger » ou encore : « C'est à toi de décider, c'est ton choix »… pensez-y à deux fois avant de répondre.

À RETENIR

C'est la raison pour laquelle elle est importante ! En effet, notre liberté est limitée par nous-mêmes (notre façon de penser, notre corps et nos capacités) et par les autres (notre entourage, culture, etc.). Alors nous devenons très jaloux des quelques décisions qu'il nous reste à prendre « en toute conscience ». Notre (sentiment de) liberté reste notre motivation la plus puissante pour agir.

Il est donc crucial, pour qu'une manipulation fonctionne, qu'elle laisse la personne manipulée dans l'illusion du libre arbitre. C'est d'ailleurs la base de la plupart des techniques de manipulation.

Ainsi, la personne manipulée agira de son plein gré (à défaut d'être consciente d'être manipulée) et aura ainsi l'impression d'être responsable de ses actes. Évidemment, c'est en général l'effet recherché par le manipulateur.

Utiliser notre rapport au groupe

« L'être humain n'a aucun standard de qualité, hormis son besoin d'appartenance »

Bernard Arcand

Témoignage

« Comme j'ai toujours été assez isolée, ma seule amie était aussi timide que moi, j'ai longtemps eu une expérience très limitée des relations amoureuses ou intimes. Ce n'est pas que je n'en avais pas envie, mais je n'étais pas du style à jouer les allumeuses pour « sortir » avec un mec. À 20 ans, j'ai rencontré Guilhem dans une soirée organisée par ma sœur aînée, qui est évidemment tout le contraire de moi… J'ai tout de suite senti que c'était un garçon très volage, un don Juan, mais il était tellement séduisant, tellement charmeur ! Ma sœur lui avait parlé de moi et avait certainement dû lui dire que j'étais une vraie « oie blanche ». Il m'a tout de suite branchée et a attaqué direct. Très déstabilisée, je me suis laissé faire, assez flattée, et croyant voir dans son jeu. Je savais très bien ce qu'il voulait et je n'étais pas forcément très enthousiaste. En fait, je suis assez idéaliste et je voulais faire l'amour pour la première fois avec « l'homme de ma vie » ! Il m'a eue à l'usure, en affirmant que « ce n'était pas normal qu'une fille de 20 ans soit encore vierge, que tout le monde autour de moi l'avait déjà fait, qu'il fallait bien que je le fasse un jour, que je serais inexpérimentée devant l'homme de ma vie et que cela me desservirait »… À force de me répéter cela, il a fini par me convaincre et je me suis dit qu'il avait peut-être raison. Je le regretterai toujours, car il m'a quittée juste après ! Et ça n'a pas arrangé mes relations amoureuses… »

Ludivine, 27 ans

Un peu de théorie

Relations sociales, motivations et comportements

Nous avons tous des aspirations, des besoins fondamentaux, des désirs différents selon notre vécu, notre histoire, notre parcours de vie. Ce sont des sources de motivation qui nous amènent à privilégier certains choix, à fréquenter certaines personnes, à nous comporter d'une certaine manière. Nous n'avons pas forcément conscience de ces forces qui nous poussent vers telle ou telle action, mais certaines personnes manipulatrices peuvent très vite et très bien les déceler, afin de s'en servir à leurs fins personnelles. Notre rapport au groupe, à l'autre en général, est l'une de ces dynamiques qui peut devenir une faille et dans laquelle le manipulateur va s'engouffrer pour mieux nous diriger. Car la construction de notre personnalité se fait notamment, et en grande partie, en fonction des rapports divers que l'on entretient avec le monde extérieur. Ces relations, selon leur degré d'harmonie ou de facilité, laissent ensuite des traces profondes dans notre mental et façonnent notre comportement.

Vouloir être « comme tout le monde »

Au sein du groupe, nous cherchons un réconfort et une certaine sécurité (selon le concept de « preuve sociale »). Ce besoin peut être plus ou moins important selon les individus et les situations... Cette tendance à nous adapter à notre environnement social est exacerbée chez les personnes peu assurées de leur statut dans le groupe ou qui souhaitent s'intégrer dans un certain cercle. Elles se montreront donc plus influençables. Imaginons que vous soyez expatrié dans un pays étranger, sans connaissance réelle des us et coutumes, et sans contact. Si quelqu'un vous guide sur ce que vous pouvez faire (ou ne pas faire), vous l'écouterez et le suivrez d'autant plus facilement que vous n'aurez aucun autre repère, aucune référence. En outre, vous deviendrez plus ou moins dépendant de lui. Il est donc facile d'imaginer le pouvoir que peut alors détenir cette personne sur vous. Au quotidien, on retrouve évidemment ces tentatives d'influence, qui ont notamment pour but d'annihiler ou du moins de diminuer notre esprit critique. S'opèrent alors des généralisations sauvages, de façon à justifier tel ou tel comportement : « Mais voyons, tout le monde le fait ! » Ou encore « Ce genre de chose est très courant tu sais ! »... C'est ainsi une manière de « dédouaner », de dédramatiser certaines choses en les banalisant... On retrouve ce type de manipulation dans les cas d'incestes par exemple : « Tu sais, tout le monde le fait, même si personne n'ose le dire, c'est pour cela que ça doit rester secret... ».

Comparer pour mieux dévaloriser

Il est également possible, pour influencer quelqu'un, d'utiliser les autres pour lui faire sentir que, décidément, il n'est vraiment pas à la hauteur. On établira ainsi une comparaison qui lui sera toujours défavorable, pour blesser son ego et faire en sorte qu'il soit plus malléable (ou qu'il réagisse d'une certaine manière). Ce sont, par exemple, des petites phrases assassines, comme : « Avec Jacques, je n'ai jamais besoin de lui expliquer 150 fois les choses. Avec toi, en revanche... » Ou bien : « Tu sais, tous les autres le font très bien, donc, si tu n'y arrives pas, c'est que tu es vraiment nul(le)... »

Publicité et besoin d'appartenance

On ne peut évoquer les techniques de manipulation sans évoquer de près ou de loin la publicité. En effet, celle-ci a pour but d'amener le consommateur à acheter tel produit ou tel service, c'est-à-dire l'amener à faire quelque chose qu'il n'aurait peut-être pas fait naturellement. Notre besoin d'appartenance est particulièrement exploité dans ce domaine et s'appuie sur des processus d'identification et de projection. La plupart des publicités sont notamment fondées sur le principe suivant : le consommateur désire faire partie d'un certain groupe social. La stratégie sera donc de conférer à un produit, à un service ou à une marque, les signes valorisants et caractéristiques de ce groupe de référence, d'ailleurs souvent « idéalisé ». Que ce soit pour vendre du parfum, des montres ou des tickets de loto, la technique est la même : mettre en scène des individus (heureux, jeunes, célèbres, bien portants, riches…), sur lesquels il est possible de projeter ses désirs et aspirations : « Si j'utilise ce produit, j'aurai les mêmes caractéristiques que cette personne : je serai beau, riche, jeune, etc. ». Une autre technique consiste également à mettre en scène des personnages non pas idéalisés, mais qui justement nous « ressemblent ». Le consommateur aura ainsi l'impression de se reconnaître au travers de ces situations, ces individus, ces comportements. Cela donne une impression de « proximité » avec la marque : « J'ai les mêmes codes, problèmes, désirs que la personne qui utilise ce produit. Je peux donc l'acheter moi aussi. »

À RETENIR

En effet, nous avons tous une manière personnelle de concevoir nos relations avec autrui ainsi que notre position dans le groupe auquel nous appartenons. Plus nous désirons intégrer certains « clans », plus nous sommes prêts à faire de concessions pour y arriver.

D'une manière générale, nous sommes enclins à donner beaucoup d'importance à l'opinion, à l'approbation ou la désapprobation de ceux qui nous entourent ou de ceux à qui nous désirons nous identifier. Il est donc facile d'utiliser cette tendance pour nous influencer.

Nous désirons faire partie de ceux qui sont jeunes ? De ceux qui sont beaux ? De ceux qui ont une vie de famille épanouie ? La publicité n'a de cesse de mettre ces rêves à portée de main… en conférant au produit en question les caractéristiques du groupe social auquel nous voulons appartenir. Posséder tel produit, c'est vivre, enfin, un peu de ce rêve…

Complimenter pour mieux manipuler

« Le flatteur vit aux dépens de celui qui l'écoute. »

Jean de la Fontaine

Témoignage

« Mon collègue, Michel, peut se montrer insupportable. Il se vante toujours d'être le plus apprécié par le patron, celui qui travaille le plus vite, rapporte le plus d'argent à la boîte... Un vrai gamin. Personne ne le supporte en fait (on le surnomme "Moi-je" dans le service commercial), et il s'est déjà disputé avec pas mal de personnes. Moi, je le connais depuis très longtemps, on a fait l'école de commerce ensemble et je suis la seule avec qui il peut travailler. C'est très simple, en fait. Je reste assez distraite dans ses phases de mégalomanie, mais je lui fais un petit compliment de temps en temps, surtout quand il ne s'y attend pas... Résultat : avec moi, il est adorable et je peux lui demander ce que je veux... »

Gisèle, 48 ans.

Un peu de théorie

Le besoin d'être reconnu et distingué

L'homme est un paradoxe vivant et a tellement de failles et d'aspérités qu'il est facile de le manipuler quand on les connaît. En effet, nous savons que l'homme a besoin de faire partie d'un groupe, d'en adopter les coutumes, les opinions et les signes distinctifs : c'est ce que l'on appelle le besoin d'appartenance (ou de conformité).

Parallèlement, il recherche au sein de ce groupe, ce que l'on appelle une reconnaissance de distinction, c'est-à-dire qu'il a besoin de se sentir différent et, de préférence, meilleur que les autres évidemment. Cela laisse ainsi deux armes utiles au manipulateur. Car il est très facile de jouer sur ce besoin de reconnaissance pour obtenir ce que l'on veut…

Une question d'ego

Les personnes les plus sensibles à ce genre de technique sont celles avec une estime de soi instable. Une estime de soi instable peut être haute ou basse, mais la personne qui en souffre a besoin, dans les deux cas, d'être constamment rassurée par un regard positif extérieur : elle vit littéralement à travers l'autre. Par exemple, la personne avec une haute estime de soi instable aura plutôt un comportement vaniteux, voire narcissique. Mais son besoin de réassurance étant un véritable puits sans fond, elle aura besoin de voir l'admiration dans les yeux des autres, la rendant ainsi facile à manipuler.

Le « coefficient prestige »

De même, il est évident que l'impact d'un compliment n'est pas le même selon la personne qui le formule. Plus une personne apparaît prestigieuse à nos yeux (que ce soit notre supérieur hiérarchique, une personne très belle, ou « célèbre »), plus elle aura de facilités à nous manipuler, en maniant le compliment avec dextérité… Car cela rend le complimenteur éminemment sympathique à peu de frais (la sympathie est comme multipliée par le coefficient « prestige »), et la personne complimentée, qui n'en revient pas de sa chance, est quasiment hypnotisée… Un peu de ce pouvoir, de cette beauté ou de cette célébrité a comme rejailli alors sur elle…

Ce n'est pas pour rien que les manuels de management modernes consacrent tant de pages à la notion de « reconnaissance » dans leur chapitre : « Comment motiver vos équipes ? »… même s'il arrive que les principes soient mal appliqués :

« Mon manager a fait une formation il y a deux mois. Je ne sais pas trop ce qu'ils lui ont dit là-bas mais depuis, il n'arrête pas de nous complimenter ! Le problème, c'est que ça paraît trop superficiel et que ça tombe même souvent à côté. Du coup, ça a l'effet inverse. Maintenant, on se moque (gentiment) de lui quand il balance un : "Super les gars !" en plein milieu de la matinée... »

Comme le dit très bien Geoffroy, un compliment mal fait peut avoir l'effet inverse que celui recherché et se retourner contre le mauvais flagorneur...

À vot' bon cœur m'sieurs dames !

Une autre façon d'obtenir de vous ce que l'on souhaite est ce que l'on appelle l'étiquetage. L'étiquetage est une façon « douce » de vous mettre en condition, afin de ne pouvoir répondre par la négative à la demande qui est faite ultérieurement. Elle fait appel « aux bons sentiments » et est une façon parmi tant d'autres de nous culpabiliser.

Dans cette technique, très répandue, le principe est de formuler, avant la demande, une phrase clé qui annonce la demande, tout en la rendant diaboliquement efficace. Par exemple, c'est votre patron qui vous dit : « Je sais que vous faites du super boulot et c'est pour ça que je vous donne ce dossier en plus. Prouvez-moi que j'ai raison. » Le but du compliment est donc de vous « étiqueter » assez positivement, de façon à ce que vous ne puissiez pas, par la suite, déroger à cette image que l'on a de vous... Cette technique est encore une conséquence du besoin de cohérence, c'est-à-dire qu'elle conduit à agir de la façon dont on est perçu par les autres, pour être cohérent avec son image... Il faut, évidemment, que dans ce cas-là, le compliment soit en rapport direct avec la demande formulée...

Le paradoxe dans cette technique est que l'on est souvent conscient de la tentative de manipulation, mais que l'on ne peut s'empêcher, la plupart du temps, d'obéir à notre besoin d'être « distingué »...

À RETENIR

Elle repose, en effet, sur un des besoins essentiels de l'homme, celui d'être le meilleur, le plus beau, le plus gentil, etc., c'est-à-dire celui d'être distingué parmi les autres.

De fait, nous sommes bien démunis face à un compliment bien placé, surtout si ce compliment est fait par une personne importante à nos yeux. Hypnotisés, tétanisés, nous n'avons souvent pas d'autres choix que d'accéder à la demande qui ne manque pas de suivre…

Elle consiste à profiter de notre besoin de cohérence : si l'on dit que je suis généreux, je dois me montrer généreux, si l'on dit que je suis gentille, je dois aussi me montrer gentille… Nous sommes alors prisonniers de cette image dont on nous affuble (sans dire que ce soit faux) et qui arrange bien celui qui nous demande de lui prêter 50 euros…

Savoir se rendre sympathique

« Pour leurrer le monde, ressemble au monde ; ressemble à l'innocente fleur, mais sois le serpent qu'elle cache. »

William Shakespeare

Témoignage

« En bas de chez moi, il y a une petite boutique de vêtements que j'aime bien (je suis assez branché fringues). En plus, le jeune homme qui la tient, Samuel, est vraiment super sympa. À chaque fois que je vais le voir, on discute foot, sorties, il me demande pour quelle occasion je compte mettre le vêtement que je veux acheter, etc. Bref, on parle un peu. Et je finis par passer pas mal de temps dans son magasin finalement ! C'est presque devenu un pote. Même si je ne sais pas s'il est vraiment amical ou si c'est juste un excellent commercial ! En tout cas, je ne peux m'en empêcher, à chaque fois que je vais chez lui, je me sens presque obligé d'acheter un truc… »

Sahel, 32 ans

« J'ai été invitée, il y a quelques jours, à une "après-midi sex-toys" chez une amie. Je trouvais le concept marrant et puis, il y avait du champagne et des gâteaux. On était une dizaine de filles, assez décomplexées, toutes copines… on a parlé de sexe pendant toute l'après-midi et on a bien rigolé. Personnellement, je n'avais pas tellement envie d'acheter, parce que je suis un peu juste en ce moment, mais je ne me voyais pas partir sans rien, alors qu'on m'avait offert le champagne et les petits-fours ! Et puis bon, ma copine se fait un peu d'argent avec ça et je voulais l'aider. Finalement, j'ai acheté un petit truc (je ne vous

dirai pas quoi…) à 20 euros. C'est sûr que je ne l'aurais jamais acheté dans un sex-shop… »

Marion, 27 ans

Un peu de théorie

Un principe qui tombe sous le sens

Évidemment, il peut sembler idiot, car évident, de préciser qu'une personne qui essaiera de vous manipuler essaiera de se rendre sympathique. Mais même si c'est évident et que vous connaissez cette technique, cela ne vous empêche pas, pour autant, de vous faire avoir…

En effet, la grande difficulté de la part de la personne manipulatrice (vendeur, commercial, ou tout simplement connaissance) est de paraître sympathique. Car la sympathie entraîne tout un ensemble de réactions qui lui sont favorables : en effet, la sympathie engendre des sentiments de sécurité, de confiance et de chaleur, qui sont propices à un certain « abandon » : la personne manipulée est ainsi beaucoup moins sur le qui-vive et part, même si certains signes peuvent dire le contraire, avec un a priori positif. Mais la sympathie entraîne également un sentiment d'obligation : on se sent obligé de se rendre sympathique à son tour : c'est le principe de réciprocité que l'on retrouve ici.

C'est ainsi que marchent les réunions du type « Tupperware© », dont le fonctionnement, qui a démontré une grande efficacité, est décliné maintenant pour divers types de produits. Là aussi, le même principe opère, même si nous sommes complètement conscients de la raison pour laquelle nous allons acheter ce que l'on nous propose.

Familiarité et sympathie

Une autre manière de se rendre sympathique et de paraître « familier » : donner une impression de déjà-vu par exemple. Quand vous rencontrez une personne, dans une soirée, que vous croyez avoir déjà vue, la discussion s'enclenche souvent plus facilement que si elle vous paraissait une parfaite inconnue…

De même, quand on étudie les techniques de vente et plus particulièrement de négociation, il y a une règle que l'on apprend rapidement : pour commencer sa « négo » du bon pied, il faut récapituler en premier lieu les points d'accord, même s'ils ne représentent que 5 % du contrat à discuter ! En effet, une personne qui essaie de vous amener à faire quelque chose pour son profit a tout intérêt à faire ressortir immédiatement le côté positif de la chose… il est ainsi plus délicat de rompre les négociations tout de suite…

Un manipulateur peut également faire ressortir des points communs entre vous et lui, pour augmenter cette impression de sympathie. Il n'est pas difficile d'en trouver et les « coïncidences » sont parfois trompeuses…

Beauté et sympathie

Eh oui, il faut avouer que nous sommes tous conditionnés pour penser que ce qui est beau est forcément bon… Ainsi, une assiette joliment présentée nous paraîtra meilleure qu'une assiette présentée « à la va-vite », même si les ingrédients, la cuisson, l'assaisonnement sont exactement les mêmes.

Pourquoi nous faisons-nous avoir comme cela ? Il y a une cause qui tient de notre évolution. Nos ancêtres avaient certainement plus d'attirance envers ceux qui semblaient avoir bonne mine, plutôt que les autres : ils paraissaient avoir un meilleur capital génétique et de meilleures chances de se reproduire… on peut se demander si notre fonctionnement a réellement changé depuis l'aube de l'humanité… De même, il y a aussi une cause culturelle. Pour prendre un exemple parmi tant d'autres : regardez n'importe quel dessin animé. Il est évident que les « gentils » (Blanche Neige…) sont infiniment plus beaux et plus mignons que les « méchants » (sa belle-mère quand elle a l'aspect d'une vieille sorcière)…

Quand le développement personnel est utilisé pour manipuler

De nombreuses thèses et autant de courants existent maintenant dans la sphère de ce que l'on appelle le développement personnel. Le développement personnel est un domaine largement démocratisé maintenant, qui regroupe toutes les connaissances et techniques pour aider chacun de nous à mieux vivre, mieux communiquer, mieux s'accepter… Il regroupe donc des disciplines diverses, comme le yoga, la communication non violente, l'analyse transactionnelle, la programmation neurolinguistique, etc., diffusées par des associations ou des entités privées.

Ces techniques sont destinées à un large public (tout comme l'ouvrage que vous tenez dans la main) et peuvent donc être enseignées à n'importe qui, sans aucune vérification éthique, ni de la personne qui reçoit l'enseignement, ni de la personne qui le dispense d'ailleurs. De plus, la plupart sont enseignées dans le cadre de la formation continue professionnelle, en tant qu'outils de travail et de communication (par exemple pour les commerciaux).

Par exemple, la PNL (programmation neurolinguistique) enseignerait des techniques destinées à se « synchroniser » sur autrui, afin de mieux communiquer avec lui, en faisant référence à ses valeurs, ses besoins, voire sa gestuelle. La synchronisation permettrait, en étant similaire à autrui, de se rendre plus sympathique et donc plus convaincant…

À RETENIR

Au-delà de son caractère évident, il faut noter que ce principe est très largement utilisé par les manipulateurs de tout poil, au moins pendant la phase d'amorçage, où ils « ferrent » leur proie… Non qu'il faille toujours se méfier des personnes aimables, mais cette amabilité peut être suspecte quand elle s'accompagne d'une demande ultérieure…

La personne qui veut se rendre sympathique au premier abord, sourira évidemment, mais cherchera aussi, via une observation fine de votre comportement et de votre apparence, à mettre en avant des points communs (réels ou fictifs), des rencontres antérieures, des amis communs, afin de créer un a priori positif de votre part car, en général, on préfère ce que l'on connaît…

Notre cerveau, un peu feignant, fait souvent un raccourci entre beauté physique et beauté morale. En assimilant les deux, il laisse donc une marge de manœuvre et une tolérance plus grandes aux gens au physique avantageux, qui voudraient nous manipuler.

Le storytelling

« Une bonne histoire vaut mieux qu'un long discours. »

Adage français

Témoignage

« Je bosse dans la pub et ça fait longtemps qu'on a recours à cette technique. Après tout, à moins de vanter les mérites d'un produit réellement nouveau, on en est réduit à dire toujours la même chose : le linge lavé avec X est vraiment très propre et sent bon ; nos yaourts sont faits avec du lait…

On a fait le tour des arguments, ce n'est pas sur ces critères que le consommateur achète. Dans la même gamme de prix, il choisira le produit qui le séduira le plus. Et pour séduire, raconter une histoire, c'est encore ce qu'on a trouvé de mieux. Pour la lessive par exemple, on raconte la vie d'une famille avec des enfants qui se tachent en jouant au foot ou en mangeant comme des cochons, une jolie maman, une musique un peu nostalgique et le tour est joué. Pour les produits agroalimentaires, la grande mode, c'est de s'inventer un illustre fondateur amoureux du goût et de la tradition. S'il s'agit de pâtes, il sera bien entendu italien, en fond sonore, on mettra de la variété italienne, et on n'oubliera pas de parler un peu de la mamma pour rendre le tout encore plus authentique. Les yaourts auront été conçus selon la recette ancestrale d'une fermière aux idées novatrices.

Évidemment, on ment, mais personne n'est dupe. Ce qu'on renvoie, c'est une image, après le client est libre d'acheter ou pas. Je ne dirais pas que c'est de la manipulation parce que personne n'y croit vraiment et que sinon tout serait manipulation. Non, c'est juste une façon de communiquer. »

Franck, 44 ans

Un peu de théorie

Story quoi ?

Comment expliquer le terme storytelling ? Littéralement cela signifie raconter une histoire. En communication, cela consiste à substituer à un discours argumentatif, un récit narratif. Ne pas expliquer que la pâte à tartiner regorge de nutriments mais raconter la journée d'un petit garçon qui déborde d'énergie parce qu'il en a mangé au petit déjeuner. Cette méthode n'est pas nouvelle, pensez aux fables de La Fontaine et à leur morale, aux contes et aux nombreux mythes de votre enfance, à la Bible, même. Autant de récits qui sont constitutifs de nos valeurs et de nos croyances, qui illustrent une idée que l'on veut faire passer aux lecteurs d'une manière romancée.

Il s'agit non pas de s'adresser à la raison mais au cœur, aux émotions. De capter l'attention, de séduire, avant (et parfois au lieu) de convaincre. Effectivement, le storytelling permet de faire rêver, pleurer, rire, de s'attacher à des personnages. Cette technique est aisément identifiable dans la publicité mais elle est largement utilisée dans de nombreux autres domaines. On y fait appel notamment dans le management, dans la gestion du changement en particulier ou encore en politique. Comparez l'impact des chiffres du chômage et le récit d'un dimanche en famille où l'on s'inquiète pour le maintien du travail du père, les études du petit et la recherche d'emploi du grand. Prêtez attention au discours des politiques, ils ont adopté l'art de raconter les histoires, parfois au détriment de vrais arguments.

Différentes histoires

Stéphane Dangel, auteur de *Storytelling*, le guide et spécialiste français de la question, explique qu'il existe trois types d'histoire.

– L'histoire témoignage

C'est typiquement la publicité qui met en scène un « vrai » client auquel on peut s'identifier. La technique consiste ici à lui donner en quelques secondes une existence plausible, pour cela on va personnaliser à outrance son portrait : on va l'appeler par son nom, montrer où il vit, ses enfants, son lieu de travail… et on va montrer comment cette « vraie » personne bénéficie du service ou du produit qu'on essaie de vendre. Dans la vie quotidienne, ce peut être l'histoire de son enfance qu'on raconte à ses enfants plutôt que de leur faire la morale : « Tu sais, quand j'avais ton âge, j'ai moi aussi… »

– La métaphore

Elle est utilisée quand le message qu'on veut faire passer est compliqué, trop technique. C'est par exemple les campagnes de prévention pour la santé bucco-dentaire qui mettent en scène des caries malveillantes ou la série d'animation Il était une fois la vie, où chaque élément du corps était personnifié : les méchants virus, les gentils globules blancs, etc.

– L'histoire tremplin

On se sert d'une première histoire pour donner envie de changement. On raconte par exemple l'histoire d'une personne qui fait un gâteau avec plusieurs appareils ménagers, son gâteau est délicieux mais elle a beaucoup de vaisselle à faire. Ensuite on raconte la même histoire en présentant le nouveau robot multifonctions.

Manipulation

Si le storytelling est une bonne manière d'attirer, de garder l'attention et de rendre son discours plus attrayant, il frôle tout de même la manipulation quand il se substitue totalement à une réelle argumentation. Dans le cas d'une publicité, on utilise les émotions des gens, on joue un peu avec leurs sentiments en leur faisant croire que ce qu'on montre est plausible, correspond à la réalité et qu'ils peuvent eux aussi y accéder. Ils peuvent aussi être manipulés pour la bonne cause : par exemple, on peut les amadouer en leur montrant le quotidien d'un enfant malade afin de récolter des fonds pour une association caritative. Le storytelling tel qu'il est théorisé par Stephen Dennings, un spécialiste de la communication américain, s'articule en trois mouvements : « capter l'attention / stimuler le désir de changement / et (dans un dernier temps seulement), emporter la conviction par l'utilisation d'arguments raisonnés ». En omettant cette dernière étape, on reste dans le domaine de l'émotion et pour peu que l'histoire soit entièrement inventée (ce qui est la plupart du temps le cas), si l'on remporte l'adhésion du public, on peut effectivement considérer que ce n'est que pure manipulation. Mais ce genre d'arnaque est rapidement dévoilé, l'effet de l'émotion se dissipe normalement et si la raison vient s'opposer, on vous le fera rapidement comprendre. Utilisez donc cette technique pour mettre en valeur et appuyer vos arguments et pas pour les remplacer.

À RETENIR

C'est une technique de communication qui consiste à remplacer l'argumentation par un récit. On emporte ainsi plus facilement l'adhésion en jouant sur le registre des émotions. La publicité exploite largement cette technique mais de nombreuses autres disciplines y ont recours, comme les métiers de la communication, le management et même la politique.

On distingue plusieurs modes de storytelling qui peuvent être utilisés : tout d'abord, l'histoire témoignage (donner une existence à un personnage auquel on pourra s'identifier), puis la métaphore (personnifier des objets ou des entités), et ensuite l'histoire tremplin (montrer une situation avant et après un changement pour en démontrer les vertus).

Stephen Dennings, le spécialiste du storytelling a théorisé cette technique en la divisant en trois mouvements : capter l'attention, stimuler le désir de changement, argumenter. On considère qu'il y a manipulation quand les arguments sont sacrifiés à l'histoire et qu'on ne joue que sur les émotions, ou bien entendu si le propos est faux.

Isolement et compartimentage

« Il faut diviser pour mieux régner. »

Proverbe français

Témoignage

« Tout a commencé quand je suis sortie avec Cyril, un collègue. Il était très jaloux et possessif et c'est limite s'il ne voulait pas que je parle à d'autres hommes quand il n'était pas là. Au début, cela me flattait et ne me dérangeait pas tellement, je n'ai jamais été très loquace sur ma vie privée au travail, même si mes rapports étaient cordiaux avec tout le monde. Mais peu à peu, je voyais bien que le vide se faisait autour de moi. Mes collègues ne m'appelaient plus pour aller boire un verre après le travail, les rapports se faisaient plus distants. Je ne comprenais pas pourquoi les gens changeaient de comportement à mon égard. Certaines de mes collègues, avec qui je m'entendais bien avant, ne répondaient même plus quand je les appelais et je ne pouvais même pas m'expliquer avec elles sur la raison de leur silence. Quelques semaines plus tard, alors que la situation devenait vraiment difficile, j'ai surpris Cyril en train d'ouvrir mon courrier. Sommé de s'expliquer, il a bafouillé quelques excuses avant que je ne le vire de chez moi et de ma vie. Je suis tombée des nues. Le lendemain, vu ma tête au travail (je n'arrêtais pas de pleurer), une collègue est quand même venue me voir et je lui ai dit ce qui s'était passé. Et là, ça a été le déclic. On s'est rendu compte que Cyril avait monté tout le monde contre moi (je ne saurai jamais vraiment pourquoi), pour que je me retrouve seule et que je n'aie plus que lui… Il racontait des mensonges à tout le monde (et il m'en racontait aussi), et comme je ne m'étais

jamais vraiment expliquée avec personne, ces mensonges avaient perduré… jusqu'à ce que j'ouvre les yeux sur sa vraie nature. »

Jeanne, 31 ans

Un peu de théorie

L'isolement, premier pas de la manipulation

En effet, être isolé n'est pas une situation très naturelle pour l'homme, qui a l'habitude de vivre en société, donc entouré de ses proches (sa famille, ses amis), voire de personnes moins proches (le reste de la société). De fait, l'être humain isolé n'a d'ailleurs que peu de chances de survivre : l'enfant abandonné meurt, l'homme seul dans la nature a de grandes chances de mourir aussi…

Pour manipuler autrui, il faut en général profiter d'un moment de faiblesse, ou le mettre en position de faiblesse, afin d'augmenter son emprise sur lui. La solitude fait partie de ces situations où l'on devient plus fragile et où l'on est plus facilement manipulable, car la pente naturelle de l'être humain est alors de se diriger vers l'autre, même si cet autre n'est pas forcément bienveillant.

Avoir une plus grande influence en supprimant celle des autres

En effet, les personnes les plus facilement influençables sont souvent les personnes seules, sans soutien familial ni amical. Ainsi, les tentatives d'escroquerie sont souvent dirigées vers les personnes âgées, qui vivent isolées, et qui sont de ce fait beaucoup plus influençables que les personnes vivant en groupe et qui peuvent, avant de prendre une décision, demander l'avis des autres. De plus, étant souvent peu au fait des nouveautés et ayant parfois des difficultés de compréhension, elles deviennent les cibles privilégiées des escrocs en costume.

Mais si une personne n'est pas seule, il est possible de l'isoler. Les techniques sont simples : désinformation, mensonges, rumeurs...

Couper les gens de leur réseau est la meilleure façon de les influencer et de les avoir à sa merci, car privés de leurs repères, ils se fient plus facilement aux personnes qui viennent vers eux, avec des intentions soi-disant bienveillantes.

Annihiler tout esprit critique

L'isolement de sa victime a aussi un autre avantage pour le manipulateur. Cloîtrée, recluse, séparée des autres, la personne manipulée perd forcément de son esprit critique, puisqu'elle ne peut comparer sa situation avec celle des autres. Comment alors se rebeller si elle pense que sa situation est normale : personne n'est là pour lui dire qu'elle ne l'est pas. Ce n'est pas pour rien que les grandes dictatures, passées ou présentes, ont toujours muselé la presse, censuré les journalistes et les médias, pratiqué la désinformation à grande échelle, voire fermé les frontières à toute information étrangère. Car si les habitants du pays tyrannisé, isolé du reste du monde avaient vent de ce qui se passait dans les pays démocratiques, ils n'auraient sûrement pas la même ferveur à défendre leur régime et se soulèveraient sûrement plus facilement. La manipulation amène l'isolement, l'isolement amène l'ignorance, l'ignorance amène la soumission.

Sans aller jusqu'à la dictature, les manipulateurs ont grand intérêt à ce que leurs victimes ne puissent analyser la situation correctement, ne puissent recouper leurs informations avec celles d'autres personnes, en un mot, ne puissent prendre le recul suffisant pour voir la situation dans son ensemble. Un mari volage aura ainsi peu intérêt à ce que sa femme rencontre ses collègues ou ses amis : il préférera compartimenter ses relations afin que le moins d'informations filtrent de part et d'autre... Certains ont ainsi mené une double vie pendant des années, avant d'être découverts, parfois après leur mort, au moment de la lecture du testament !

Une technique fréquemment utilisée par les sectes

Nous avons bien compris que la manipulation est plus facile à opérer auprès des personnes isolées. Ce sont donc les cibles préférées des gourous de sectes, qui voient en ces individus des victimes toutes désignées. Mais la solitude n'est pas forcément seulement physique ou sociale, elle peut être psychologique aussi : un adolescent fugueur, en rébellion ouverte avec ses parents et n'ayant pas d'amis très proches, peut très bien tomber dans le piège d'une secte. D'ailleurs, les personnes les plus vulnérables à la manipulation sont les personnes les plus âgées et les plus jeunes. Ceux qui sont au chômage depuis longtemps (et qui n'ont donc pas forcément un réseau de connaissances très actif), ceux qui vivent une dépression ou un deuil (et qui ont donc tendance à s'isoler) peuvent également être sensibles à l'appel de sectes. Si la personne visée n'est pas complètement seule, le premier but de la secte sera de l'isoler de sa famille et de ses proches, avec pour compensation un statut « spécial » au sein de la secte. La victime, flattée, verra dans ce statut un signe de reconnaissance, qui, pense-t-elle, lui est refusé en dehors de la secte. C'est ainsi, souvent en douceur, que les gourous arrivent à rassembler autour d'eux des fidèles.

À RETENIR

Les personnes seules sont plus vulnérables aux tentatives de manipulation, car elles ne peuvent s'appuyer sur le soutien des autres. Il est également possible d'isoler une personne pour la rendre plus malléable.

La communication avec autrui, le recoupement des informations et l'analyse de leur source sont des choses indispensables pour pouvoir se faire un avis objectif sur quoi que ce soit. La personne isolée et manipulée n'a souvent plus qu'une seule source d'informations, sans savoir que c'est la plus mauvaise et la moins objective.

En effet, ces personnages peu recommandables ont besoin d'isoler les personnes qu'elles manipulent du reste du monde, pour pouvoir compter sur leur parfaite docilité. Docilité conditionnée par leur ignorance des moyens utilisés pour les soumettre…

Dépendance et culpabilité

« Le secret d'une autorité, quelle qu'elle soit, tient à la rigueur inflexible avec laquelle elle persuade les gens qu'ils sont coupables »

Raoul Vaneigem

Témoignage

« Ma mère est morte en me mettant au monde. Ce n'est pas un début très prometteur dans la vie ! Mon père a tout fait pour ne pas « m'en vouloir », mais je me suis toujours senti déplacé, comme s'il eut mieux valu que ma mère vive et que je ne survive pas. D'ailleurs, quand j'étais petit, à chaque rentrée des classes, quand les maîtresses demandaient la profession de mes parents, je disais souvent que ma mère était morte à cause de moi… Il m'arrivait même de m'accuser de fautes que je n'avais pas commises, pour couvrir mes copains ! Je me sacrifiais… On aurait dû m'appeler Jésus ! « Encore maintenant, j'ai un grand besoin d'affection et de réassurance, et je crois bien que je ferais n'importe quoi pour combler ce besoin. D'ailleurs, ça marche assez bien en général avec les filles, du moins dans un premier temps : je suis hyper attentionné, très compréhensif, beaucoup dans le dialogue… Mais, à force, je crois qu'autant d'amour les étouffe. Elles me disent toutes qu'elles ne peuvent me donner ce que je veux… Je m'entendais bien avec ma dernière copine. Elle était très directive et j'aimais bien ce côté-là, parce que, dans un sens, ça me rassurait. Mais elle a fini par me tromper avec un de ses collègues. J'aurais pu le lui pardonner, mais elle a préféré partir… Suis-je autant un fardeau ? »

Denis, 31 ans

Un peu de théorie

La conséquence du principe de réciprocité

Rappelons ce qu'est le principe de réciprocité. Il peut se résumer au travers du classique « donnant-donnant ». Cette règle est primordiale, car c'est la base de rapports sociaux apaisés et productifs : c'est une loi morale fondamentale, un des piliers des sociétés humaines, quelles qu'elles soient. C'est, par exemple, une des raisons pour laquelle vous aurez du mal refuser un cadeau, car il est « malséant » de refuser un présent à quelqu'un, et c'est aussi la raison pour laquelle vous « devrez » en faire un à votre tour, même si rien ne vous y oblige.

Créer la dépendance pour amener à la culpabilité

Ce principe étant fortement ancré en chacun de nous, il peut être utilisé à des fins personnelles, voire destructrices. C'est ici que la manipulation prend tout son sens : on reproche à l'autre de ne pas donner autant que l'on donne, on fait en sorte qu'il se sente redevable d'une dette, financière, morale, affective... Certaines personnes sont extrêmement habiles pour faire culpabiliser les autres. Le principe est toujours le même. Sous couvert d'une certaine « générosité », le manipulateur offre ses services, son aide, une attention soutenue ou beaucoup d'amour. Il va se rendre particulièrement serviable, aimable, par la flatterie, la courtoisie, la générosité... Il place ainsi ses pions pour mieux asservir sa victime. Cette dernière finit souvent par se sentir redevable, bien qu'aucune attente n'ait été clairement exprimée. Cette générosité sert notamment à créer une certaine dépendance avec la personne aidée : il est difficile de refuser de l'aide quand on en a besoin... Mais il est difficile aussi de refuser la sienne quand l'autre la demande, sans s'entendre dire : « Après tout ce que j'ai fait pour toi, tu exagères vraiment ! » La faute, la responsabilité repose ainsi sur la victime, alors piégée.

Le sentiment de culpabilité sur le long terme

Le sentiment de culpabilité, et non la culpabilité elle-même, est essentiellement subjectif. Certaines personnes le ressentent très souvent, d'autres très rarement. Il est certain que ceux ayant une faible estime d'eux-mêmes, entretenus dans cette disposition par leurs parents ou leurs proches, auront plus de facilité à le ressentir. Ce mal-être constant, dont les émotions dominantes sont la honte, la tristesse, voire le dégoût de soi-même, peut se révéler fort handicapant s'il fait partie de la structure mentale d'un individu. Car il peut être aussi utilisé par des personnes sans scrupule… En effet, le sentiment de culpabilité empêche l'individu de s'affirmer correctement : il développe souvent des comportements de « sacrifice » exagéré, pour s'acquitter sans cesse de sa « dette ». Les comportements suivants sont souvent attachés à un fort sentiment de culpabilité. L'individu se sent « indigne » et a du mal à s'octroyer du temps libre, voire tout simplement du plaisir. Il pense ne pas le mériter. Même chose au niveau affectif : il peut très bien choisir un conjoint qui ne lui convient pas, pour se « punir »… Conjoint qui peut, évidemment, être manipulateur et profiter de cet état de fait. Il parle souvent des devoirs qu'il a envers les autres, oublie ses droits propres et s'accable de reproches s'il pense ne pas pouvoir les assumer. Par exemple, il a beaucoup de mal à dire non, même si la demande semble abusive. Sous couvert d'altruisme, il nie aussi et surtout son besoin de liberté individuelle, de repos et de tranquillité. Enfin, ce sentiment de culpabilité peut également le faire échouer à des examens ou professionnellement… Échecs qui, évidemment, renforceront encore son mal-être et saperont petit à petit une confiance en soi déjà malmenée…

La technique du « pied dans la bouche »

Certaines techniques d'influence reposent pour beaucoup sur la création d'un sentiment de culpabilité. Elles sont en général employées à des fins plutôt nobles, comme pour les dons à des organismes de charité… L'une d'elles s'appelle notamment la technique du « pied dans la bouche ». Cette technique repose sur certaines conventions sociales largement acceptées, reproduites par tout un chacun de façon inconsciente et innocente. Ces situations, qui se renouvellent automatiquement en situation sociale, sont appelées des « scripts ». Par exemple, quand vous rencontrez quelqu'un, certains « préliminaires », différents selon les cultures, sont quasi indispensables pour entamer le dialogue et la relation : se serrer la main, s'enquérir de la santé de l'autre, parler de la pluie et beau temps... C'est ce que les Anglais appellent le « small talk » : une discussion sans grand intérêt, qui sert à meubler le temps et à éventuellement introduire le vrai sujet de discussion. Mais ce « small talk » n'est pas aussi anodin qu'il y paraît... En 1990, le chercheur américain Daniel Howard a mis en évidence l'importance de la phrase d'accroche « Comment allez-vous aujourd'hui ? » Nos « scripts » nous commandent la plupart du temps de dire « Ça va, merci ! » Et c'est ici que se situe l'astuce. L'interlocuteur répond alors : « Je suis très heureux d'apprendre que vous êtes en bonne santé, car je vous appelle pour venir en aide aux personnes dans le besoin... » Howard a démontré grâce à plusieurs expériences que cette technique donnait des résultats, en l'occurrence des dons, de 10 à 25 % supérieurs à ceux obtenus en situation classique... Comme quoi, se sentir coupable peut se révéler utile !

À RETENIR

Il y a peu de situations plus inconfortables que de se sentir redevable envers quelqu'un… Car rendre ce que l'on a reçu fait partie des principes moraux universels, profondément intégrés dans nos cultures.

Rien n'est plus facile que de créer des « dettes », même abusives, pour rendre quelqu'un redevable. Certains manipulateurs ne s'en privent pas au quotidien et culpabilisent ainsi leurs victimes. En utilisant une générosité ciblée, ils deviennent ainsi des créanciers « intouchables » : le débiteur devient alors responsable du non-acquittement de sa dette.

Les personnes qui se sentent facilement coupables sont en règle générale les plus faciles à manipuler, car elles pensent souvent devoir se sacrifier pour les autres, au mépris de leur propre bien-être… Quand elles n'essaient pas directement de se punir de leurs « fautes » !

L'effet Puits

« Il faut que dans un spectacle, chacun croie qu'il y a un petit peu de quelque chose pour lui. »

Barnum

Témoignage

« Quand j'ai rencontré Bertrand, j'ai vraiment "halluciné". On a passé une soirée ensemble et j'avais tout bonnement l'impression qu'il lisait en moi comme dans un livre ouvert. Toutes mes peines des derniers mois et mes besoins paraissaient lui être familiers… je me sentais tellement comprise ! J'étais tellement emballée que je l'ai invité chez moi "boire un dernier verre"… et je me suis retrouvée le lendemain toute seule, mon sac, mon ordinateur, mes bijoux, tous envolés… ». En fait, nous avons naturellement tendance à « croire ce que nous croyons déjà », c'est-à-dire à ne rechercher que les informations confirmant ce que nous pensons a priori. Cela peut même aller jusqu'à déformer certaines informations pour les faire correspondre au moule préformé de nos opinions… Ce phénomène est ce que l'on appelle la validation subjective. »

Caroline, 38 ans

Un peu de théorie

La technique reine des cartomanciens, voyants et manipulateurs

L'effet Puits (on l'appelle également effet Barnum, célèbre orateur de cirque) est une arme particulièrement utilisée par tous ceux qui veulent asseoir leur crédibilité, et/ou impressionner leurs interlocuteurs, en leur révélant, par exemple, des choses indéniablement véridiques sur leur propre nature. Ainsi, pourvus d'une crédibilité sans faille, ces manipulateurs peuvent ainsi débiter ensuite les mensonges ou flatteries les plus éhontés pour parvenir à leurs fins. Cette technique consiste tout simplement à annoncer, de la façon la plus convaincue et pénétrée possible, des « vérités », qui sont en fait un amalgame plus ou moins réussi de généralités confondantes. Par exemple, imaginons que vous alliez voir un médium, ou autres diseurs de bonne aventure, et que vous lui demandiez (méfiant dans un premier temps quand même !) des informations sur vous et sur votre passé, afin de bien vérifier le sérieux et le talent de votre astrologue. Imaginons encore qu'il vous dise : « Vous êtes quelqu'un qui peut se faire influencer, même si la plupart du temps vous gardez la tête froide, ce qui vous permet de ne pas vous faire avoir facilement. Vous manquez de méfiance, cependant, avec les gens qui vous entourent et vous avez déjà été, ou serez très certainement, déçu par un de vos proches », etc. En écoutant ce discours, et malgré ce que vous a dit votre astrologue dans sa première phrase, il y a de fortes chances que vous le trouviez signifiant (plein de sens). Rien de bien étonnant : n'importe qui pourrait correspondre à ce profil… L'effet Puits peut, en effet, se définir ainsi : plus le discours est vague et creux, plus les gens qui l'écoutent peuvent s'y reconnaître… Le discours vague est souvent obtenu à travers des structures alambiquées et peut même aller jusqu'à dire en fin de phrase le contraire de ce qui a été dit au début. L'orateur prend ainsi très peu de risques. En ajoutant quelques « parfois », « certainement », ou « il est possible que », la phrase devient tellement vague qu'elle en devient « profonde »… Évidemment, il faut éviter toutes sortes d'argumentations ou de justifications, pour garder ainsi une certaine aura mystérieuse. Nul besoin de dire que l'effet Puits est largement exploité dans tous les horoscopes qui peuvent exister sur terre.

Pourquoi ça marche ?

Si vous reprenez le discours de l'astrologue ci-dessus, il est certain que vous y retrouverez une part de vérité. Et pour cause ! Ce discours n'est qu'une jolie boîte vide que vous remplissez vous-même avec des circonstances personnelles qui vous sont propres. En d'autres termes, c'est vous qui allez remplir de sens cette coquille vide, en repensant forcément à des événements qui se sont déjà passés dans votre vie.

Dire ce que l'on a envie (ou besoin) d'entendre…

De plus, il est évident que les manipulateurs les plus chevronnés ont, en général, un sens de l'observation aiguisé et leur habileté à deviner les besoins, envies, désirs ou frustrations des personnes qui les entourent peut être confondante. Rien ne leur est donc plus facile que de creuser dans ce sens, pour conforter leurs victimes dans le fait qu'ils les connaissent bien et qu'elles peuvent donc leur faire confiance.

Flatter pour mieux convaincre

Cette validation subjective fonctionne d'autant mieux si la personne que l'on écoute révèle sur nous des informations plutôt positives. Il est toujours agréable d'entendre sur soi des commentaires flatteurs. Rares sont ceux qui pourraient nier des phrases comme : « Vous avez un sens de l'équité aiguisé et vous ne cautionnez jamais l'injustice » !

Mais même cette dernière technique, la flatterie, n'est pas obligatoire pour profiter de l'effet Puits. Nous sommes tous friands, quels qu'ils soient, de feedbacks sur l'image que nous renvoyons aux autres. Mettre le doigt sur une faiblesse peut même être une technique de manipulation supplémentaire : « En ce moment, vous savez confusément que vous n'utilisez pas toutes vos capacités, mais vous ne savez pas comment le faire. Je peux vous aider… »

Les expériences édifiantes de monsieur Forer

L'effet Puits a été mis en lumière à la fin des années 1940, par le psychologue Forer. Il désirait confirmer l'hypothèse qu'une description vague d'une quelconque personnalité était globalement bien acceptée par les gens, qui l'appliquaient alors à eux-mêmes de façon personnelle. Ainsi, il fit passer un test de personnalité à ses étudiants. Mais au lieu d'en analyser les résultats, il reprit tel quel le texte d'une analyse de personnalité, trouvée dans un quelconque magazine (à la page « astrologie »), qu'il donna à chacun de ses étudiants.

Les termes en étaient : « Vous avez besoin d'être aimé et admiré et pourtant, vous êtes critique avec vous-même. Vous avez, certes, des points faibles dans votre personnalité, mais vous savez généralement les compenser. Vous avez un potentiel considérable que vous n'avez pas tourné à votre avantage. À l'extérieur, vous êtes discipliné et vous savez vous contrôler mais à l'intérieur, vous tendez à être préoccupé et pas très sûr de vous-même », etc.

À RETENIR

Certaines personnes peu scrupuleuses peuvent, en effet, se servir de l'effet Puits pour asseoir une certaine crédibilité, avant de pouvoir manipuler les autres à leur guise. Cette technique consiste à dire des affirmations tellement générales qu'elles peuvent s'appliquer à tout le monde, en balayant toutes les possibilités imaginables.

De fait, il est facile de se servir de l'effet Puits quand on sait ce que l'autre veut entendre, puisque dans ce cas-là, ce que l'on dira sera d'autant mieux interprété, compris et accepté (la validation objective). De plus, notre soif de reconnaissance, qui passe par une soif de feedbacks positifs notamment, ne peut qu'être favorable à ce type de manipulation. Pensez-y la prochaine fois que vous lirez votre horoscope…

Engendrer la confusion

« Je n'aime pas qu'on parle à ma sœur.
- Mais elle ne m'intéresse pas votre sœur. Je voulais simplement...
- Elle te plaît pas ma sœur ?
- Mais si, bien sûr, elle me plaît...
- Ah, elle te plaît, ma sœur ! ! ! Retenez-moi ou je le tue, lui, et ces imbéciles»

Goscinny et Uderzo

Témoignage

« Quand je suis sortie avec Romain, je sortais d'une longue relation et je voulais quelque chose de léger. Les six premiers mois, tout était idyllique : on se voyait deux ou trois fois par semaine, apparemment il travaillait beaucoup. Puis une fois qu'il m'a "ferrée", Romain est devenu étrange. Il alternait les moments parfaits, où il était adorable, et les crises de jalousie, voire de cruauté mesquine. Ou il n'appelait pas pendant trois semaines. Puis il revenait, tout miel et sucre, et tout allait bien pendant trois autres semaines. J'ai tenu un an comme ça, jusqu'au moment où je pensais devenir folle. Car il était tellement gentil quand il le décidait ! Cela me faisait oublier tout le reste ! Au final, j'ai décidé de le quitter. J'ai appris récemment qu'il était marié depuis 5 ans (il était donc déjà marié quand je l'ai connu) et que je n'avais pas été sa seule maîtresse... »

Alexandra, 28 ans.

Un peu de théorie

Raffermir son emprise

Dans le cas de certaines manipulations destructrices, il est nécessaire au manipulateur de maintenir une emprise, une influence importante sur sa victime, pour pouvoir la faire agir à sa guise, en affaiblissant notamment ses capacités de jugement et donc de rébellion. Il existe une multitude de façons de détruire petit à petit tout discernement chez une personne. Créer la confusion dans son esprit en est une. Ne lui laisser aucune alternative possible (mis à part l'autodestruction) en est une autre. Ce sont souvent des phénomènes opérés sur du long terme, qui finissent par saper toute estime de soi chez la personne ciblée, surtout en cas de manque de confiance ou de fragilité au début de la relation d'emprise.

Jouer avec l'incohérence

Toute relation saine a besoin d'une certaine cohérence, c'est-à-dire d'une certaine fiabilité affective, pour pouvoir se construire durablement. C'est le cas quand on connaît bien l'autre et, notamment, ses réactions, qui font partie intégrante de sa personnalité et qui semblent, grosso modo, prévisibles.

Les comportements « incohérents » (c'est-à-dire non motivés par une cause réelle, non suivis dans le temps, en un mot opaques et incompréhensibles pour la victime), sont propices à la manipulation, dans la mesure où ils vont instaurer un climat de peur, d'incertitude et donc de désarroi.

Avoir des réactions incompréhensibles

Crier, insulter, alors que la faute ne demande qu'une petite réprimande, rire alors que la situation est pénible voire tragique, pleurer à des moments indus et de façon inexplicable : les manipulateurs jouent sur les émotions pour perturber leur souffre-douleur. Ne sachant à quel comportement il doit s'attendre, ce dernier finit par adopter un comportement inhibé, voire mutique, pour éviter des ripostes déstabilisantes car toujours différentes.

Alterner le froid et le chaud

Tour à tour adorables, compliments fleuris et petits cadeaux en main, puis odieux, balançant les affaires par la fenêtre, certains manipulateurs savent très bien comment désorienter leur proie. Celle-ci finit par douter de son propre jugement et finit par excuser même son bourreau.

Être irréprochable… en public

Certains manipulateurs excellent également à donner une image publique d'eux-mêmes absolument lisse et parfaite, afin de mieux brimer leur proie en privé : insultes masquées, non-écoute permanente, mépris rampant… Cette dernière finit par se poser des questions, s'interroger sur son propre comportement (« Pourquoi est-ce que j'accepte cela ? »), voire se remettre elle-même en question (« Il a peut-être raison finalement… je suis bien une cruche »), face au comportement odieux, mais assuré de son manipulateur. Son estime de soi, surtout si elle était déjà érodée, finit par fondre comme neige au soleil et n'assure plus son rôle de rempart bienfaisant et nécessaire.

De plus, la victime a finalement très souvent l'impression de devenir la complice de son bourreau, dans une certaine mesure, car elle se dit : « C'est ma faute si je ne réagis pas, c'est moi qui suis faible. » C'est souvent l'espoir qui fait « tenir le coup » : l'espoir que la situation va changer, que quelqu'un va l'aider, s'en apercevoir… Mais le silence reste entier, inspiré par la honte de clamer son impuissance, la culpabilité de ne pouvoir le faire, voire le dégoût de soi… et personne ne parle de la situation à quiconque, surtout quand les apparences restent sauves.

Enfin, ce phénomène de destruction est parfois renforcé par la totale ignorance de l'entourage sur la véritable nature du persécuteur. Si celui-ci fait bien les choses, les proches peuvent même louer cette personne attentionnée qui s'occupe si bien des autres… Cela, évidemment, culpabilise encore plus la victime, qui ne veut pas « décevoir » son entourage et avouer sa situation.

À RETENIR

En effet, acquérir du pouvoir sur quelqu'un ne peut qu'augmenter les possibilités de manipulation. Certaines personnes nocives affaiblissent ainsi leurs victimes et détruisent durablement l'estime qu'elles ont d'elles-mêmes. Cette estime de soi, ainsi sapée, favorise encore plus la manipulation.

Pour établir des relations saines, il est important de pouvoir compter sur une certaine fiabilité affective, primordiale pour instaurer une relation de confiance. Certains comportements incohérents, inexplicables de la part d'un manipulateur peuvent ainsi fragiliser la relation, mais aussi et surtout la personne qui en souffre.

Alterner des périodes calmes et tranquilles avec de véritables ouragans, changer de visage selon que la situation est en privé ou en public, prêcher le faux pour savoir le vrai, proposer des non-choix sans issue sont autant de techniques très efficaces pour obscurcir certains jugements déjà fragilisés…

La porte au nez

« En diplomatie, l'ultimatum est la dernière exigence avant les concessions. »

Ambrose Bierce

Un peu de théorie

La porte au nez, une procédure simple

De par son nom, la technique de la porte au nez ressemble étrangement à celle du pied dans la porte. Cependant, c'est en fait son exact contraire et elle ne semble pas même reposer sur les mêmes ressorts. Voyons, en premier lieu, comment cette technique est utilisée par les manipulateurs au quotidien.

Expression d'une première requête

Comme pour le pied dans la porte, la porte au nez nécessite deux requêtes. Seulement ici, on prend le contre-pied de la première technique déjà décrite. Au lieu d'une demande anodine et minime, c'est, au contraire, une demande très difficilement acceptable qui est formulée. En effet, son coût est tel (on y dépenserait trop de temps, trop d'argent, trop d'énergie), que celui qui la reçoit est quasiment obligé de la refuser. Ce qui est naturellement prévu. Évidemment, si l'individu accepte cette première requête, c'est encore mieux !

Expression d'une déception polie

Le manipulateur, suite à sa première demande déboutée, ne peut que paraître déçu, même s'il se montre souvent compréhensif, en disant par exemple une phrase « bateau » comme : « Je comprends votre refus », ou « Oui, c'est normal... ». Suivent alors quelques secondes de pseudo-réflexion...

Expression de la véritable requête

Évidemment, cette requête-ci est moins coûteuse en temps, en énergie et en argent, ce qui lui donne l'aspect d'une concession faite au dernier moment… Au vu de ce compromis important, l'individu se sent ainsi obligé d'accepter la deuxième offre, qui était en fait le véritable objet de la manipulation.

Pour vous en donner un exemple plus parlant, écoutons le témoignage de Michael :

« Je me suis aperçu que ma fille était très maligne (elle doit tenir cela de sa mère…). Elle a 17 ans, et naturellement je fais attention à ses fréquentations et ses sorties. La dernière fois, elle me demandait s'il était possible de partir une semaine avec plusieurs de ses copines, pour les 18 ans de l'une d'elles, dans la maison de ses parents sur la côte. Elles partiraient avec une autre copine en voiture. Je ne sais pas si je suis un papa poule, mais en tout cas, j'ai refusé : la fille n'a pas son permis depuis longtemps et je sais très bien ce que peut faire une dizaine de jeunes filles (et peut-être de jeunes hommes !) seules à la plage… Ce qui m'a paru étrange, c'est qu'elle ne paraisse pas si déçue que cela en entendant mon refus : je m'attendais à devoir lutter pendant des heures. Au final, elle est revenue deux minutes après, en me demandant s'il était au moins possible d'y aller pendant deux jours, si je l'y emmenais et si je revenais la chercher… Et j'ai accepté. Je me suis retrouvé à faire deux fois 150 bornes aller-retour pour amener et aller chercher ma fille, alors que je voulais me faire un week-end au golf tranquille… Et j'ai appris qu'elles n'y restaient toutes que le week-end en définitive… je plains le futur mari de ma fille si elle sait le manipuler aussi bien qu'elle sait me manipuler… »

Les ressorts de la porte au nez

Plusieurs hypothèses sont envisagées pour expliquer ce phénomène. Elles se complètent toutes assez bien, dans la mesure où aucune d'elles prise séparément n'explique le phénomène. Les scientifiques s'interrogent encore. La technique est d'une damnable simplicité, mais son mécanisme est bien complexe.

Le principe de réciprocité et le sentiment de culpabilité

Le principe de réciprocité trouve ici bien sa place, dans la mesure où l'un des deux interlocuteurs semble faire une immense concession à l'autre, en rabattant de beaucoup ses exigences.

Nous avons vu dans un chapitre précédent que le principe de réciprocité était en réalité une règle sociale qui repose sur les bases suivantes : « Tu me rends ce que je te donne », ce qui en d'autres termes peut s'expliquer ainsi : « Si tu es gentil avec moi, je le serai tout autant avec toi. » Ces termes fonctionnent donc aussi quand l'une des deux parties, pleine d'une volonté toute pacifique, diminue sa demande pour complaire à l'autre partie. Cette dernière, prise d'un certain sentiment de culpabilité, ne peut alors qu'agréer à la deuxième demande, qui semble alors un bon compromis. Ce sentiment de culpabilité est d'ailleurs subtilement étayé par la réaction très compréhensive du demandeur débouté.

L'effet de contraste

L'effet de contraste est une technique particulièrement bien utilisée par les agents immobiliers ; celle-ci consiste, dans leur métier, à présenter au client potentiel, désireux d'acheter un bien, une vieille ruine à un prix exorbitant. Évidemment, le client la refuse. Mais ce dernier ne s'aperçoit pas qu'il va maintenant voir d'un œil (beaucoup) plus indulgent la maison correcte et à un prix moins élevé que va lui présenter son agent. Cette nouvelle maison, comparée à la première, va lui paraître un véritable palais vendu pour une bouchée de pain…
C'est le même principe qui fonctionne ici. La seconde demande, étant

bien moins coûteuse, paraît du coup beaucoup plus raisonnable à celui qui doit y répondre…

À RETENIR

Elle consiste à provoquer un premier refus, afin de prédisposer l'interlocuteur à accepter plus facilement ce qu'on lui demandera par la suite. Elle est très simple et est couramment utilisée, que ce soit par des inconnus ou des proches.

Deux principes se conjuguent pour rendre cette technique efficace : le principe de réciprocité, qui rend deux refus successifs difficiles à formuler, et l'effet de contraste, qui rend la concession faite encore plus importante qu'elle ne l'est en réalité.

En effet, certains facteurs vont augmenter le sentiment de culpabilité, ou le contraste entre les deux requêtes. Cependant, il importe en premier lieu de bien doser l'importance des deux demandes successives pour ne pas éveiller les suspicions…

Le pied dans la porte

« Un premier pas en appelle souvent un deuxième… »

Anonyme

Un peu de théorie

Une technique qui repose sur plusieurs principes fondamentaux

Le pied dans la porte est une technique de manipulation bien connue des commerciaux et autres professionnels de la persuasion, qui peuvent même établir de véritables procédures pour arriver à leurs fins.

Cette technique repose sur deux grands principes, déjà expliqués précédemment. Le premier, c'est le besoin de cohérence de chaque individu, qui engendre une certaine continuité dans nos actions, surtout si la première de ces actions correspond à l'image que l'on se fait de soi, ou même à l'image que les autres pourraient avoir de soi. Par exemple, imaginons que vous êtes connu dans votre entourage comme un adepte convaincu de la nourriture biologique et que vous le clamez à qui veut l'entendre. Il vous sera alors difficile, si on vous demande de manifester contre les OGM (et même si vous n'en avez pas forcément l'envie ou le temps), de refuser. Ce comportement pourrait être perçu par les autres comme une « désertion » et vous ne voudriez pas prendre le risque de paraître incohérent dans vos propos et opinions.

Le deuxième principe utilisé par cette technique de persuasion est le sentiment de contrôle et de liberté. Nous avons déjà précisé que les techniques de manipulation fonctionnaient beaucoup mieux quand la personne manipulée pensait faire ses choix de plein gré, en ayant l'illusion de pouvoir refuser si besoin. En réalité, il y a beaucoup de situations où il est difficile de refuser une demande, de par une certaine pression sociale (« Je vais le blesser si je refuse » ou « Qu'est-ce que les gens vont penser de moi ? »), hiérarchique (« C'est mon boss quand même »), ou même interne tout simplement (« J'ai envie qu'il m'apprécie, donc je vais accepter »). Mais tant que personne ne vous met le couteau sous la gorge, ou dans une moindre mesure, ne vous donne d'ordre, le doute subsiste et vous pensez pouvoir refuser.

Ce qui nous amène à une deuxième caractéristique de ce principe, que nous avons déjà également évoquée : une personne ayant « librement » accepté d'agir d'une certaine façon se trouve dans un processus d'engagement plus important que si elle avait été forcée de le faire…

Une procédure simple et efficace

La première étape est de faire une première demande anodine. Cette première demande n'est évidemment qu'un prétexte pour établir le contact et ne sert qu'à préparer le terrain pour une seconde demande, qui est, elle, le véritable but du manipulateur. La caractéristique de cette première demande est qu'elle est tellement minime que l'on peut difficilement la refuser. Ce peut être demander l'heure, signer une pétition… le plus important dans cette demande est qu'elle entraîne un : « Oui », qui vous prédispose de façon positive face au demandeur. C'est le premier pas de l'engagement « librement » consenti.

Remercier tout en « étiquetant » son interlocuteur

Par exemple, le manipulateur peut très bien vous dire, si vous avez accepté de répondre à un sondage : « Je vous remercie infiniment, j'aimerais croiser autant de personnes aussi gentilles que vous aujourd'hui ! » La personne qui a ainsi accepté de répondre au sondage se sent valorisée et heureuse d'avoir pu se sentir serviable.

Faire une seconde demande plus importante

Cette seconde demande est bien sûr l'objectif visé dès le début. Pris au piège de son besoin de cohérence (on parle également de « congruence »), l'individu sollicité se retrouve contraint d'acquiescer de nouveau, sous peine de « décevoir » la personne qui l'a gratifié d'une si grande qualité...

Ce qui va renforcer l'effet de cette technique

L'effet est encore plus efficace si l'engagement est important dès le début : par exemple, si la demande est faite en public, la deuxième requête a beaucoup plus de chances d'être acceptée. Même chose si vous connaissez la personne à qui vous faites la requête, même vaguement : votre voisin, un membre de votre famille, la caissière habituelle du supermarché, le facteur, un collègue... Le fait de connaître l'identité, l'adresse, bref le plus d'informations possible sur la personne manipulée est souvent primordial. Méfiez-vous donc quand on vous demande de signer une pétition et que l'on vous demande alors des informations personnelles, comme vos coordonnées... Vous serez plus enclin à accepter une requête ultérieure...

Les différents emplois de cette technique

Cette technique consiste donc, si l'on généralise, à provoquer un certain comportement, en commençant par une ou plusieurs demandes faciles à satisfaire. Elle n'est évidemment pas seulement utilisée dans le cadre de la vente en porte à porte. Elle peut également, par exemple, être utilisée dans les relations intimes, ou professionnelles. Écoutons plutôt Jérôme, un employé un peu trop gentil : « De temps en temps, mon boss me demandait de rester cinq ou dix minutes supplémentaires le soir, pour finir deux trois trucs urgents, ou finaliser certains chiffres. Évidemment, j'acceptais à chaque fois : cinq minutes, ce n'est pas grand-chose. Et puis, il me remerciait assez gentiment d'ailleurs, en me disant qu'il voudrait avoir d'autres employés comme moi. Mais ces derniers temps, il me demande de rester vingt minutes, voire une demi-heure... Et évidemment, ce n'est pas compté comme heures supp...

Je me sens obligé d'accepter, je n'ai plus trop le choix. Si j'avais su... »

Comment faire la manche sans en avoir l'air...

À l'ère du téléphone portable, cette démarche semble délicieusement obsolète, mais écoutons plutôt cette expérience, faite en 1972 par un chercheur américain, Harris.

Harris voulait vérifier l'hypothèse du pied dans la porte, en faisant appel à la générosité de passants inconnus dans la rue. Il testa ainsi deux situations différentes. Dans la première situation, il procédait ainsi : il demandait tout bonnement aux passants de lui donner quelques centimes, car il lui manquait un peu d'argent pour pouvoir téléphoner. Avec cette technique, une personne sur dix accédait à sa demande.

Dans la deuxième situation, sa première question était : « Avez-vous l'heure s'il vous plaît ? » Si la requête était positive, il posait alors la deuxième question : « Excusez-moi, j'ai besoin de téléphoner et il me manque quelques centimes. Pourriez-vous me dépanner ? » En procédant ainsi, Harris a non pas doublé, mais quadruplé les résultats obtenus ! Quatre personnes sur dix lui donnèrent ainsi ces quelques centimes... Ainsi, si un jour vous avez absolument besoin de téléphoner et que votre batterie est à plat (et que vous n'avez pas non plus votre carte bleue, les cabines téléphoniques acceptant les cartes bancaires maintenant...), pensez à cette technique, qui vous assure quasiment une chance sur deux d'arriver à emprunter le téléphone de quelqu'un de totalement inconnu.

À RETENIR

La bonne image que l'on veut donner aux autres (ou que les autres nous laissent entendre de nous), ainsi que notre tendance à vouloir toujours rendre cohérents nos opinions, nos actes et nos paroles font un terreau très favorable à cette technique de persuasion.

Cette technique allie, en effet, un fonctionnement très simple et une efficacité redoutable. La manipulation est indolore car progressive… Quand on s'en aperçoit, il est souvent déjà trop tard, car le fonctionnement est aussi très malléable, laissant une marge de manœuvre très large à ceux qui veulent nous manipuler, que ce soit dans des situations commerciales, familiales, sociales ou professionnelles.

Manipuler l'information

« Bien informés, les hommes sont des citoyens.
Mal informés, ils deviennent des sujets »

Alfred Sauvy

Un peu de théorie

De l'automanipulation…

Les informations représentent ici tous les stimuli auxquels notre cerveau est confronté chaque jour, et qui nous permettent de prendre des décisions, de faire des choix, de nous engager dans certains processus… Bref, de vivre en tant qu'être humain. Aucune information n'est anodine, puisque chacune d'elle influence forcément nos opinions et nos comportements.

Pour gérer, assimiler, intégrer et réagir à toutes ces informations, nous mettons en place certains processus cognitifs (processus de la pensée), conditionnés et limités par certains « filtres », processus cognitifs et filtres étant intimement liés.

Nos filtres personnels

Nous avons tous une vision différente, mouvante et personnelle du monde qui nous entoure. En fait, chacun évolue dans sa propre réalité… subjective ! Mais pourquoi ?

Nos différences et les filtres qui en découlent proviennent premièrement de notre enveloppe corporelle : nos cinq sens, selon leurs défaillances ou leur acuité, nous forcent à sélectionner les informations. D'autres filtres se mettent également en place selon notre vécu, nos expériences, et vont modifier notre rapport à la réalité. Que l'on soit orphelin ou membre d'une famille unie, ouvrier ou aristocrate, indien ou anglais, nous sommes prisonniers de notre culture, de notre statut social ou de notre famille. Enfin, nos humeurs passagères, notre état émotionnel ainsi que la conjoncture, c'est-à-dire notre situation à un moment donné, sont encore d'autres filtres qui nous empêchent d'être totalement « objectifs ». Ainsi, une même phrase sera interprétée différemment selon qu'elle est prononcée par notre patron ou notre conjoint…

Les processus cognitifs qui influencent notre jugement

Selon les théories de la PNL, la programmation neurolinguistique (un ensemble de techniques et de modèles de développement personnel, notamment utilisés pour expliquer notre comportement quotidien), trois processus cognitifs vont modifier l'interprétation des informations qui parviennent à notre cerveau, informations qui, rappelons-le, nous arrivent déjà « incomplètes ». Ces processus ne sont ni « bons » ni « mauvais » : ils se combinent pour modeler nos pensées et nos opinions, nos « cognitions » donc.

Nous allons les décortiquer un à un, dans un souci de clarté

Imaginons que vous ayez eu un accident de voiture entre Brest et Rouen. Le premier processus qui entre en jeu pour interpréter cet événement s'appelle la distorsion. Vous penserez par exemple que vous avez eu cet accident parce que vous êtes vraiment étourdi(e) : c'est la raison pour laquelle vous avez oublié de mettre votre clignotant. La distorsion amène à déformer ce que nous percevons, afin que notre représentation de « la réalité » soit plus conforme à nos croyances. Vous savez que vous êtes tête en l'air et il est donc normal que vous ayez eu cet accident.

Le deuxième processus cognitif utilisé est la généralisation. Vous en déduirez maintenant, puisque vous avez eu un accident, que la route entre Brest et Rouen est dangereuse et vous demanderez à vos proches d'être plus prudents quand ils emprunteront ce chemin. Généraliser conduit à considérer que ce qui s'est produit une ou plusieurs fois se reproduira, devient une « généralité ». Nous construisons ainsi nos croyances, car cela nous aide également à prévoir le futur.

Le troisième processus cognitif possible est la sélection. Bizarrement, vous « capterez » toutes les informations ayant trait à cette route, et notamment les accidents. Vous vous direz alors que cette route est réellement dangereuse : la preuve, il y a eu d'autres victimes ou blessés. Vous ne capterez et ne retiendrez que les informations qui renforcent votre croyance... en omettant soigneusement les autres !

La vraie manipulation !

Rien n'empêche quiconque d'opérer les trois processus précédents à votre insu et de vous livrer ensuite une information modifiée, voire erronée, pour vous pousser à adopter un certain comportement. Nous le faisons d'ailleurs tous et, dans la grande majorité des cas, de façon inconsciente. C'est évidemment différent quand cela devient intentionnel : donner de mauvaises informations sciemment vous confère un avantage certain...

Voici un exemple. Anna est vendeuse dans une boutique de vêtements. Elle se méfie de Rosyne, une de ses collègues, sans raison particulière mais assez pour lui battre froid. Comme on dit, elle ne la « sent » pas. Claire, une intérimaire qui aimerait être engagée en CDI, et quelque peu manipulatrice, a remarqué cette situation. Son but est de faire partir Rosyne pour tenter de prendre sa place.

Elle peut ainsi dire à Anna, qui l'aime bien et qui a la confiance et l'oreille de la DRH : « Je sens bien que vous n'aimez pas trop Rosyne et je l'ai également vue me regarder avec un regard bizarre. » C'est une première distorsion. Ensuite, elle pourrait très bien enchaîner ainsi : « Moi, de toute façon, je ne fais pas confiance à ces filles de la banlieue. Ce sont toutes les mêmes ! » Cela sera évidemment une généralisation (sauvage et abusive…). Enfin, Claire pourrait uniquement rapporter à Anna les informations susceptibles de renforcer sa méfiance, déjà accrue : les erreurs de caisse, les mauvais rangements, les mots un peu vifs… Claire sélectionnerait donc les événements qui étayent la croyance d'Anna… En procédant ainsi, nul doute qu'elle arrivera à semer la zizanie…

À RETENIR

En effet, les stimuli extérieurs ne nous arrivent pas de la même façon, car notre perception dépend des filtres personnels mis en place au cours de notre vie. Ces filtres nous permettent de faire une première sélection, sans quoi nous serions par ailleurs submergés d'informations inutiles.

Nous sommes tous enclins à modifier les informations de manière qu'elles correspondent à nos croyances. Deux personnes peuvent donc tirer du même événement deux conclusions complètement différentes… Et heureusement !

Cela se fait déjà d'une façon inconsciente par tout le monde. Mais cela devient plus grave quand ce processus s'opère de façon consciente et dans le but de vous manipuler.

Conclusion

Ces chapitres vous auront aidé, nous l'espérons, à mieux comprendre le fonctionnement de la communication, ses enjeux et ses subtilités, pour obtenir des autres avec plus de facilité ce que vous désirez. Désormais au fait des techniques de manipulation, vous devriez aussi être capable de les reconnaître et de ne pas tomber dans les pièges que le quotidien vous tend.

Quelques dernières recommandations en guise de conclusion. Demandez-vous toujours s'il n'est pas plus simple ou plus efficace de demander directement. Gardez à l'esprit que chacun est différent et réagit de manière particulière aux stimulations et aux événements. Ce qui fonctionnera bien pour une personne n'est donc pas assuré de rencontrer le même succès chez une autre. Sachez vous adapter et rebondir en cas d'échec, ne vous entêtez pas sur une technique. Soyez au fait des principales techniques de manipulation pour savoir les déjouer mais évitez d'en faire à votre tour un mode de communication. Développez votre empathie : si vous faites un effort de compréhension envers les personnes, vous serez plus à même d'analyser ce qui motive leurs comportements et de vous adapter en conséquence. Privilégiez l'influence basée sur la confiance et le respect mutuel, c'est la seule solide et durable.

Auteurs : Marie-Laure Cuzacq, Anne Guibert

EDITIONS ESI

Éditions ESI
100 rue Petit, 75019 Paris

Imprimé par FINIDR - Lipova cp. 1965 - 73701 Cesky Tesin - République Tchèque

ISBN : 978-2-8226-0357-7
N° Sofedis : S550979